Zu diesem Buch

Schön wär's, wenn das von allen Menschen ersehnte Liebesglück zu haben wäre ohne die ständige und strapaziöse Auseinandersetzung der Liebenden. «Beziehungsarbeit» – so lautet höchst uncharmant der Fachbegriff – bleibt uns allen nicht erspart. Zwar sind wir freier geworden und können aufrichtiger leben. Aber verlieren wir dadurch etwa die Fähigkeit, auf Dauer liebevoll zusammenzuleben? Verweist der Epochentrend auf eine kommende Gesellschaft individualistischer Singles? Ist das dann überhaupt noch eine Gesellschaft?

Forschend und heilend hat Eva Jaeggi jeden Tag mit solchen Privatproblemen zu tun, die zugleich starke Grundströmungen des Zeitgeistes anzeigen. Die aus Wien gebürtige Psychoanalytikerin und Professorin für Klinische Psychologie (TU Berlin) schreibt ebenso anmutig über der ewig Verliebten Sehnsucht nach dem Frühling, wie sie einfühlsam dem Widerspruch zwischen Intimität und Autonomie im sexuellen Paarleben auf den Grund geht. Andere Themen sind: die Dimensionen weiblicher Macht, häufige Streßfaktoren der Mutter-Tochter-Beziehung, die grassierenden Eßstörungen, die Alternativen der Jungen Alten, das Glück und das Unglück von Singles als Pionieren der Zukunft.

Zweifellos: Lieben will heute gelernt sein; es ist ehrlicher, illusionsloser und herrschaftsfreier geworden als früher, aber das heißt auch: komplizierter, schwieriger.

Die Autorin

Eva Jaeggi, geboren 1934 in Wien, Studium der Psychologie, Geschichte und Philosophie. Promotion 1957 in Wien. Ausbildung als Verhaltenstherapeutin und als Psychoanalytikerin (DPG), Lehranalytikerin. Praktische Arbeit als Schulpsychologin, Studentenberaterin und als Psychotherapeutin in freier Praxis. Seit 1972 Wissenschaftliche Assistentin an der Freien Universität Berlin, seit 1978 Professorin für Klinische Psychologie an der Technischen Universität Berlin. Lebt in Berlin – als Single. Hat eine – erwachsene – Tochter.

Eva Jaeggi

Liebesglück –
Beziehungsarbeit

Warum
das Lieben
heute
schwierig
ist

Rowohlt Taschenbuch Verlag

Originalausgabe
Veröffentlicht im Rowohlt Taschenbuch Verlag GmbH,
Reinbek bei Hamburg, Dezember 1999
Copyright © 1999 by Rowohlt Taschenbuch Verlag GmbH,
Reinbek bei Hamburg
Umschlaggestaltung Notburga Stelzer
Illustration design network
Satz Bembo PostScript (PageOne)
Gesamtherstellung Clausen & Bosse, Leck
Printed in Germany
ISBN 3 499 60747 6

Inhalt

Vorwort
Liebe und Beziehung

Das Wort «Liebe» hat sich verschlissen. Lieber reden wir von Beziehungen, notfalls von Liebesbeziehungen, das scheint ein einigermaßen erträglicher Kompromiß. Natürlich, da würden wohl alle zustimmen, sind an diesem Verschleiß «die Medien» schuld. Wenn jeder Schlagersänger das Wort «Liebe» in den Mund nimmt, dann kann damit wohl nichts Besonderes gemeint sein, es wird peinlich, darüber ernsthaft zu sprechen. Warum aber wird dieses Wort, das ja trotz allem für jeden von uns mit großer Bedeutung aufgeladen ist, so oft in den Mund genommen, daß man's nicht mehr hören kann und lieber ausweicht in das schale Wort «Beziehung»?

Meine These: deshalb, weil in unserer Zeit nichts wichtiger ist als die Liebe, weil Liebe unser Leben so sehr bestimmt wie nie zuvor – und zwar Liebe in jeder Form, auch in solcher, die normalerweise nicht «Liebe» genannt wird.

Dieses Buch trägt deshalb auch das Wort «Liebe» im Titel, obwohl es anscheinend von recht unterschiedlichen Liebesformen handelt: von der Beziehung zwischen Mann und Frau, von der Beziehungsproblematik der Singles, von der Beziehung zwischen Kindern und Eltern und von Freundschaften. Mit all diesen Liebes-Beziehungs-Formen sind unterschiedliche Gefühle verknüpft, und diese Unterschiede sollte man auch nicht verwischen. Mit all diesen verschiedenen Liebes-Beziehungs-Formen gehen auch verschiedene Intensitäten einher: die Qual des unglücklich Verliebten ebenso wie das beständige Glück einer guten Freundschaft, die Seligkeit der ersten Nacht und die harte Auseinandersetzung der streitenden Ehepartner, die einander vorwerfen, die Entwicklung des jeweils anderen zu beengen.

Warum sprechen wir nicht einfach immer von Liebe, wenn wir all dies unter einen Hut bringen wollen? Warum hat sich das saft-, kraft- und herzlose Wort «Beziehung», ja sogar das noch häßlichere Wort «Beziehungsarbeit» in unser Vokabular eingeschlichen?

Ich denke, daß es dafür gute und weniger gute Gründe gibt.

Die weniger guten: in unserer nach wie vor leistungsorientierten Gesellschaft muß anscheinend das Wort «Arbeit» zur Nobilitierung vieler Gegebenheiten herhalten – auch bei Lebenssituationen, wo es deplaziert wirkt: «Trauerarbeit» zum Beispiel oder «Identitätsarbeit». Und seit den siebziger Jahren, in denen das Wort «Beziehungsarbeit» aufkam, hat es denn auch abgewirtschaftet und wird von vielen als eine typische Psychoboom-Metapher belächelt.

Andererseits – und damit komme ich zu den guten Gründen –: nach wie vor stimmt es, daß Liebesgefühle einem nur augenblicksweise geschenkt werden. Es ist auch Anstrengung damit verbunden, wenn man die gefühlsmäßigen Bande, die man zu anderen Menschen hat, wirklich sinnvoll gestalten will. Ob das Wort «Arbeit» dafür richtig ist? Sicher bezeichnet es eine Anstrengung, die eine traditionsarme Zeit fordert. Wenn die Form des Lebens und Erlebens nicht mehr durch Traditionen geregelt ist, muß man erfinderisch werden. Besonders schwierig ist dieses «Erfinden» von Beziehungsqualitäten dort, wo einerseits große Gefühle im Spiel sind, andererseits aber auch Alltagsroutine nötig ist zur Stabilisierung dieser Gefühle.

Man könnte also sagen, daß Liebe die erste Aufwallung des Gefühls ist und Beziehung die zweite Phase kennzeichnet – die Phase der Konsolidierung dieses Gefühls, der Verankerung im Alltag. Aber natürlich hindert uns nichts daran, auch diese weniger spektakuläre Phase mit dem Wort «Liebe» zu bezeichnen, und viele Menschen tun dies auch.

Sehen wir ab von all den idealisierenden Adjektiven, die meist der Liebe hinzugefügt werden. Ihre Funktion – das wird in den unterschiedlichsten Schattierungen immer wieder klar – ist in einer traditionsarmen Zeit besonders wichtig als eine der Identitätsstiftung.

Rollenstrukturen leisten dies nicht mehr so eindeutig wie in traditionalen Gesellschaften. Der «signifikante Andere» wird in der Wissenschaft wie auch im realen Leben wichtig.*

---

* **Fußnoten** haben in Büchern wie diesem eigentlich nichts verloren. Eine Ausnahme sei mir gestattet. – In meiner beruflichen Umwelt – also unter Psychologen, Psychotherapeuten, Familienforschern, überhaupt unter Sozialwissenschaftlern – ist seit Jahren die Rede vom «significant other» in aller Munde. Auf englisch oder deutsch («der signifikante Andere»), im Singular oder im Plural: Alle arbeiten fast täglich mit diesem Begriff. In die deutsche Umgangssprache ist er allerdings noch nicht ein gewandert. Also bleibt er in einem Nicht-Fachbuch wie diesem erklärungsbedürftig. Nach den Zunftregeln erklärt man ein wissenschaftliches Konzept, indem man an die Quelle («ad fontes») geht und vom Ur-

In diesem Zusammenhang taucht der merkwürdige Begriff «Beziehungsarbeit» auf. Warum muß man sich denn «Beziehungen» mühsam erarbeiten? Welchen Gewinn kann man daraus ziehen? Gewinn sollte Arbeit ja unbedingt abwerfen. Es ist – dies machen uns Sozialwissenschaftler klar – der Ge-

sprung her die betreffende Ideengeschichte ableitet. Das wollte ich auch hier tun. Wer hat den Terminus technicus «significant other» geprägt? Wann war das? Wo steht das? – Völlig verblüfft stellte ich fest, daß kein einziges der von mir herangezogenen psychologischen und soziologischen Nachschlagewerke (und es waren viele) diesen Begriff auch nur als Stichwort führte. Und kein einziges Sachregister verzeichnete ihn. Es gab ihn überall – gedruckt, getippt, gesprochen –, aber nirgendwo eine Definition und nicht die Spur einer zeitlichen oder gar namentlichen Zuordnung im Sinne einer Urheberschaft. Natürlich habe ich meinen Bekannten- und Kollegenkreis abgeklappert: Wißt ihr, woher «significant other» kommt? Ohne Erfolg. Schließlich half mir Paul Moor, ein psychologisch versierter amerikanischer Buchautor und Journalist, der seit Jahrzehnten aus Berlin berichtet, indem er meine Frage ins Internet einspeiste. Über Nacht kamen Antworten herein aus verschiedenen Winkeln des globalen Dorfes. Danach scheint der Begriff «significant other» nicht auf einen bestimmten und bestimmbaren Autor zurückzugehen, sondern dem englischen Volksmund entsprungen zu sein. Im Gebrauch sicher schon früher, ist diese Fügung seit 1953 schriftlich belegt. Die Definition im «New Shorter Oxford English Dictionary» von 1993 lautet: «a person who greatly affects or influences one's thoughts, feelings, or actions; specifically a spouse or committed lover.» Ein fester Begriff dafür hat sich im Deutschen noch nicht eingebürgert. Weil die Umschreibung «maßgebende und Bedeutung verleihende Bezugsperson» so unpraktisch ist, behilft man sich mit dem Abklatsch vom «signifikanten Anderen». Wer einen besseren Einfall kennt oder mehr weiß über die Begriffsgeschichte, möge sich melden und die wissenschaftliche Öffentlichkeit daran teilhaben lassen!

winn der Identität. Ein amerikanischer Sozialwissenschaftler, Antonio Blasi, sagt: «Identität ist eine Antwort auf die Frage ‹Wer bin ich?›» Heiner Keupp und Renate Höfer, die beiden Münchner Sozialpsychologen, wollen Blasis Frage umformulieren. Sie müsse heißen, sagen sie im Vorwort ihres Buches «Identitätsarbeit heute»: «Wer bist *du*?» Erst in dieser Frage enthülle sich die Methode, mittels derer man auf eine Beantwortung hoffen kann.

Liebe in vielen Gestalten übernimmt also zumindest einen Teil dieser zentralen Aufgabe der Identitätskonstituierung.

Warum aber kann sie diese Aufgabe übernehmen, und wann kann sie dies am effizientesten tun? Da keiner sich selbst gebären kann, ist die Antwort auf die Frage, wer ich denn sei, natürlich immer an andere gebunden: an einzelne Menschen oder an Institutionen. Institutionen aber bieten heute nicht mehr den selbstverständlichen Halt, den sie ehemals hatten. Der einzelne «signifikante Andere» ist wichtiger geworden bei dieser subtilen Ermittlung dessen, wer ich eigentlich bin.

Was früher den Institutionen Kirche, Staat, Militär oder Ehrennormen einer Zunft oder eines Standes zugeschrieben wurde: daß sie unumstößliche, in alle Ewigkeit meist mit dem Adjektiv «gottgewollt» immunisierte Vorstellungen vom «richtigen» Leben darstellen, wird also einzelnen Mitmenschen übertragen. Da jedermann weiß, daß kein einzelner Mensch dies leisten kann, braucht es immer mehrere wichtige («signifikante») Personen, denen dies aufgetragen wird. Nur eine große Gefühlsaufwallung macht einen einzelnen (geliebten) Mitmenschen momentan zum alleinigen Träger eines solch metaphysischen Unterfangens. Dementsprechend wird die Liebe im engeren Sinn ja auch immer wieder mit überirdischer Qualität ausgestattet. Dies wird gefördert vom oft den Alltag transzendierenden Aufschwung mancher Liebe, nämlich der erotischen Verliebtheit. Daß die Liebe eine «Himmelsmacht» sei, wurde schon vor hundert Jahren vom Zigeunerbaron besungen.

Aber auch dort, wo es nicht die allgewaltige Liebesleidenschaft ist, werden einzelne andere Menschen aufgrund ihrer Funktion für die ganz persönliche Identität äußerst wichtig. Daß in diesem Buch nur einmal (gleich im ersten Kapitel) von Verliebtheit die Rede ist, versteht sich von dieser nur randständigen und vergänglichen Form der Liebe her. Zwar macht die Verliebtheit immer viel Eindruck und scheint Menschen in Windeseile zu verändern. Aber jeder Ältere weiß nur allzugut, wie lange (nein: wie kurz) solche Veränderungen andauern. Verliebtheit also stellt das schwächste Potential an möglicher Konstituierung der Identität. Allenfalls sind manche Menschen von den Veränderungen, die ihr Erleben durch Verliebtheit erfährt, so verblüfft, daß sie diese Erfahrung verwenden können zur Feststellung einer revidierten Identität. Das aber geschieht nur ausnahmsweise. Meist ist mit dem Ende der Verliebtheit (also sehr bald) auch das ganze mit ihr einhergehende neue Identitätspotential vergessen.

Wenn es aber nicht die Verliebtheit ist, die dem «signifikanten Anderen» solche Macht einräumt: was ist es dann? Ist dieser «Andere», dem ich durch Liebe so viele Möglichkeiten einräume, mich zu definieren, vielleicht nur in eine Lücke getreten – an diejenige Stelle, die früher festgefügte Institutionen eingenommen haben?

Sicher kann man sich mit dieser nüchternen Erklärung zu-
friedengeben; sie stellt aber vermutlich nur eine Teilwahrheit
dar und ist nicht imstande, die ganze Tiefe dieses Vorgangs
zu erhellen.

Eine andere Erklärung führt uns weiter: wir geraten dabei
in das Reich sehr mächtiger Gefühle, in das Reich derjenigen
Gefühle, die uns damals beherrscht haben, als wir noch hilf-
los und schutzbedürftig waren und unserer Identität absolut
nicht sicher. Identität über eine soziale Rolle zu erlangen, ist
ein konventionell geregelter Prozeß. Seiner selbst sicher zu
sein, weil man Bauer, Schuster oder König ist: das bedarf
keiner tiefen Erkenntnisse und Erfahrungen. Das wird
«übergeben» (was im Wort «Tradition» ja auch enthalten
ist!), und zwar auf eher unspektakuläre Art und Weise,
wenngleich manchmal in Form einer Initiationsfeier eine
Markierung gesetzt wird für diese Übernahme einer Rolle.

Anders sieht es aus, wenn wir beobachten, daß heutige
Menschen sehr viel mehr von dem abhängig sind, was die
«signifikanten Anderen», also die wichtigsten Bezugsperso-
nen, ihnen auftragen.

In der Soziologie und Sozialphilosophie spricht man seit
einiger Zeit von der Wichtigkeit der *Anerkennung* beim Prozeß der Identitätsbildung – eine Wichtigkeit, die natürlich
allen Psychologen, insbesondere Psychoanalytikern vertraut
ist, speziell von den Objektbeziehungstheoretikern in vielen
Facetten beschrieben wird. In dem Buch «Kampf um Aner
kennung» des Soziologen und Philosophen Axel Honneth
über Vertrauen und Anerkennung wird denn auch ausgiebig
Donald W. Winnicott zitiert, der bedeutende englische Psychoanalytiker der Objektbeziehungstheorie.

Dies also scheint der vorläufig letzte Zustand des sogenannten «modernen Menschen», der in der Renaissance so stolz und hochfahrend begonnen hat in vollem Vertrauen darauf, daß er sich selbst und die Natur beherrschen wird. Er befindet sich jetzt wieder in der Kinderstube – ausgesetzt den tiefen Ängsten des Säuglings, daß er vernichtet werde, auf ewig verlassen und nie mehr zu stillendem Hunger ausgesetzt. Vielleicht aber, so kann man mutmaßen und auch erfahren, ist er auch der anderen Seite ausgesetzt: dem kurzen schrankenlosen Glück der Triebbefriedigung, dem seligen Versinken ins ozeanische Gefühl der Symbiose. Daß dies – historisch gesehen – nicht jedem Menschen früherer Zeiten möglich und erlaubt war, beweisen sehr viele belletristische Bücher und Lebensberichte.

Auch dieses ozeanische Gefühl kann jedem modernen Menschen gelingen – und sei's durch entsprechende Drogen. Schwieriger scheint die Balance zu sein, also das, was man als «Erwachsensein» bezeichnen kann. (In diesem Zusammenhang sei an Freud erinnert, der in einem Brief an seinen Freund Wilhelm Fließ sagt, daß eigentliches Glück nur in der Erfüllung der Kinderwünsche möglich ist.)

In dieses Geflecht hinein müssen wir uns die «Identitätsarbeit» denken. Es ist das Geflecht kleinkindlicher Gefühle, Wünsche und Projektionen. Die Wünsche kleiner Kinder sind oft maßlos und irreal, getragen von Ohnmachts- und Allmachtsgefühlen und alles durchdringend. In diesem Kinderstubenmilieu gibt es keine neutralen Gefühle, keine abgeklärte Balance: nur Liebe oder Haß, Tod oder Leben, Vernichtung oder Auferstehung. Erwachsene im Stadium der besitzergreifenden und identitätsstiftenden Liebe können bekanntlich ebenso irrational und absolut fühlen. Es gibt dann kein Abwägen, keine Abgeklärtheit, keine Balance. Viele dem Verstand unerklärliche Handlungsweisen im Umkreis der sogenannten «Liebe» (bis hin zu Mord und Totschlag) müssen wir (auch) mit diesem Diskurs über die identitätsstiftende Macht der Liebe verknüpfen.

Dies alles ist zu bedenken, wenn man moderne Beziehungen thematisiert. In diesem Sinn ist das Wort «Beziehung» viel zu schwach, weshalb zumindest im Titel dieses Buches an erster Stelle die «Liebe» steht. Das Kleinkind, so könnte man vereinfachend sagen, hat keine «Beziehungen». Sein Gegenüber ist aufgeladen mit Gefühl, andernfalls wäre für das Kind dieses Gegenüber nicht viel mehr als ein lebloser Gegenstand. Dieses heftige Gefühl wird aber vom sehr kleinen Kind noch nicht bewußt «bearbeitet».

Das Durchbrechen archaischer Gefühle gerade dort, wo Liebe im Spiel ist, das wir ja in vielen Arealen des modernen Lebens oft auf schreckliche Weise erleben, hat natürlich einen triftigen Grund, eben denselben, den auch das Kleinkind hat: es wird über «Leben oder Tod» entschieden bei dieser Identitätsarbeit. Ohne die Definitionen, die wir durch unsere wichtigsten Beziehungspartner bekommen, würden wir unserer Lebendigkeit beraubt, hinabgestoßen in die Welt des Namenlosen.

Dies mag manchem übertrieben klingen. Natürlich ist es überdeckt von Zivilisation und Beherrschung. Es gibt aber viele Ausnahmesituationen, wo urtümliche Angst das Bild beherrscht, zum Beispiel in den sich vermehrenden Gewalttaten vieler Menschen, auch sehr junger Menschen. Aber auch die traumatisierenden Trennungserlebnisse (manchmal mit tödlichem Ausgang) von Partnern, die schwierige Ablösung der Kinder von den Eltern und umgekehrt: all dies zeigt immer wieder, wie schnell wir «außer uns» geraten, wenn wir der signifikanten Anderen mit ihrer Definitionsmächtigkeit beraubt werden. Trennungserlebnisse – so erfahren wir von den Erforschern der «kritischen Lebensereignisse» – gehören zu denjenigen Faktoren, die die höchste Zahl von Krankheiten nach sich ziehen: psychische und psychosomatische Störungen, schwere körperliche Krankheiten und Suizid. Wir haben große Mühe, uns in die Mentalität früherer Generationen hineinzuversetzen, die ja dauernd im Schatten des Todes auch ihrer wichtigsten Angehörigen leben mußten. Konnte man denn je glücklich werden, so fragt man sich, wenn einem die Hälfte der Kinder wegstirbt? Wenn man nacheinander drei Ehefrauen verliert? Offenbar gelang dies vielen Menschen: mit Sinnangeboten, die die Religion bereithielt. Vielleicht aber auch, weil vorzeiten die Identitäten nicht so tief geprägt waren von den Zuschreibungen der anderen. Dies blieb der modernen Zeit vorbehalten. Das Wort des kanadischen Sozialphilosophen Charles Taylor, wir seien eine «Beziehungsgesellschaft», findet sich in den folgenden Kapiteln entsprechend häufig.

Daß Partnerbeziehungen zentral wichtig sind, bedarf keiner Bestätigung. Unser Alltag ist voll von Geschichten, die dies wieder und wieder illustrieren. Verzweiflung und Glück sind an sie gebunden, und zwar weit über die erste Zeit der erotischen Anziehung hinaus, gerade auch dort, wo Gleichgültigkeit und Langeweile das Bild prägen: Wehe, einer schert aus! Welch merkwürdige Dramen kann man erleben, wenn der- oder diejenige, der oder die bisher etwas verachtungsvoll abgetan wurde, sich plötzlich von einer anderen Seite zeigt und sich auswärts umtut. Die Bedeutung steigt meist sofort an, seine oder ihre Worte werden sorgfältig gewogen und an der eigenen Person ausprobiert. Manchmal kann man direkt sehen, wie wichtig nun die «Definition» wieder wird, die man vom anderen bekommt. Gerade diejenigen Aussprüche, die die eigene Person betreffen, werden plötzlich wieder gesammelt und gewogen. An ihnen «arbeitet man sich ab». Oft stellt sich damit auch in der alten, langweilig gewordenen Partnerschaft wieder ein neues Frühlingsgefühl ein.

In milderer Form kann man hier auch das Freundschaftsnetz einbeziehen. Moderne Menschen, sofern sie nicht sozial oder finanziell depriviert sind, haben – so die Statistik – heutzutage sehr viel mehr Freunde als Menschen früherer Zeiten, wo eher die gegebenen Beziehungen innerhalb der Verwandtschaft das Leben definierten und strukturierten. Natürlich hängt dies mit der sozialen Mobilität zusammen, die eben auch neue Liebes-Beziehungs-Formen schafft.

Zuzugeben ist eine gewisse Auswechselbarkeit der Beziehungen: eine mobile Gesellschaft, die es nur den wenigsten gestattet, dort zu leben, wo sie aufgewachsen sind, fordert hier ihren Tribut. Viele Freundschafts- und Partnerbeziehungen sind einfach nicht lebenslang durchzuhalten. Weder unsere Idealvorstellungen von lebenslanger Entwicklung («Ich bin über mein Dorf hinausgewachsen»), noch unsere Kapazitäten im Festhalten von Beziehungen über weite räumliche und zeitliche Distanzen hinweg erlauben uns, alle wichtigen Beziehungen für immer festzuhalten. Der Wechsel (von Freunden, von Partnern) ist hier ein Ausweg, der gewählt wird.

Diese Wechselhaftigkeit bereitet übrigens Psychologen, Soziologen und verwandten Berufsgruppen oft Kopfzerbrechen. «Sind die Menschen heutzutage oberflächlicher geworden?» fragt man besorgt. Dies ist jedenfalls der Tenor vieler kulturkritischer Stimmen ernsthafter oder auch nur medienwirksamer Art. Psychoanalytiker – und mit ihnen auch andere Psychologen – schauen besonders kritisch auf diese geringe «Objektkonstanz», die sich hierin zeige. Dabei ist aber zu bedenken, daß die Psychoanalyse noch immer mit vielen Wertvorstellungen des 19. Jahrhunderts verwoben ist. Die Schwierigkeiten, Beziehungen festzuhalten, waren vor hundert Jahren wesentlich geringer als heutzutage. Das ist in der Theorie der Psychoanalyse noch wenig reflektiert worden, weshalb hier durch Theorie ein schlechtes Gewissen erzeugt wird. «Bin ich denn überhaupt beziehungsfähig?» fragt sich mancher und manche nach zwei oder drei Beziehungsabbrüchen. Und der Makel, der damit verknüpft ist, kann schnell zum Schuldgefühl werden. Besonders betroffen davon sind die Singles.

Singles nehmen in diesem Buch einen großen Raum ein. Sind sie, diese «Beziehungslosen», denn wirklich in die Rubrik «Liebe» einzutragen? Ich glaube, daß gerade dort, wo einer der wichtigsten «signifikanten Anderen» weggefallen ist (meist waren solche durchaus einmal da), das dadurch entstehende Manko besonders kraß empfunden wird. Es fragt sich nämlich sofort, wie denn dieses Manko kompensiert wird, welche Möglichkeiten Singles haben, sich die für sie wichtigen «Definitionen» zu holen.

Das Thema Eltern und Kinder wird in dem Kapitel über Mütter und Töchter wenigstens gestreift. Auch dort können wir sehen, welch große Bedeutung diesem Band zwischen Eltern und Kindern zukommt: eine Bedeutung, die nicht immer und zu allen Zeiten, sozusagen «naturgemäß», in dieser Weise vorgeherrscht hat zwischen den Generationen. Die französische Sozialphilosophin Elisabeth Badinter hat in anschaulicher Weise gezeigt, wie zeitbedingt und historisch variabel das Gefühl der Mutterliebe war und ist. Wenn Psychotherapeuten immer wieder angeklagt werden, daß sie dauernd «alle Schuld den Müttern» geben, dann geht dieser Vorwurf zwar nicht ganz daneben. Sicher aber ist, daß auch die Realität der modernen Beziehung zwischen den Generationen in einer Weise aufgeladen ist von Bedeutung, die über das Pflege- und Erziehungsverhältnis weit hinausgeht. In diesem Bereich wurden in den letzten Jahrzehnten ganz besonders viele theoretische Überlegungen angestellt, die äußerst viele Subtilitäten des Beziehungsverhaltens (sogar des vorgeburtlichen) betreffen, so viele, daß man geneigt ist, dies als eine neue Hysterie abzutun. Das ist aber wohl vor allem der Reflex auf die gestiegene Bedeutung dieser Beziehung zwischen Eltern und Kindern. Sehr viel weniger gut dokumentiert ist übrigens die Wirkung der Kinder auf die Eltern: denn auch diese definieren explizit und implizit die Identität ihrer Eltern neu – und dies beileibe nicht nur in einem konventionellen Rollenverständnis. Diese Beziehung ist sehr oft geprägt von beiderseitigen Schuldgefühlen und natürlich auch von Schuldzuweisungen im ganz privaten Bereich.

Wo andere Menschen so große Bedeutung weit über ihre reale Funktion hinaus haben, da muß ein gewaltiger Schub von Gefühl wirksam sein – wie auch immer wir es definieren. Spricht etwas dagegen, dieses Gefühl «Liebe» zu nennen?

Identitätsarbeit – auch dieses Wort ist noch jung – ist eine lebenslange Aufgabe. Es gibt nicht mehr die festgefügte gesellschaftliche Ordnung, in die hinein einer sich nach einigen Krisen und Identitätskämpfen begibt, um dann als eine «gefestigte Persönlichkeit» in sein Erwachsenenalter hinauszugehen. Immer wieder neue Anläufe sind möglich, neue Lebensformen können gefunden werden. Der Soziologe Ulrich Beck, der deutsche Spezialist für Fragen der Identität, hat – als Illustration für seine These von der Individualisierung der Lebensläufe – eine ganze Reihe von Lebenslaufgeschichten sammeln lassen, an denen gezeigt wird, wie selbstverständlich heute Lebensrichtungen sich ändern können, wie ungemein eindrucksvoll Menschen auch in höherem Alter das Steuer ihres Lebens «herumreißen» können. Nicht zuletzt ist Psychotherapie auch eine Möglichkeit, sich einem «ganz anderen» Leben zuzuwenden.

Auch im Erwachsenenalter – dort vielleicht sogar in besonders prägnanter Form – wird eine Unsicherheit der Identität sichtbar, gerade in den mittleren Jahren (Stichwort «Midlife-crisis»), oder bei denen, die man heute als die «Jungen Alten» bezeichnet. Im Kapitel über alte Menschen wird darüber einiges gesagt.

Ohne weiteres könnte es in diesem Buch auch um Beziehungsarbeit in der Psychotherapie gehen. In jeder Therapieform wird die Wichtigkeit der Beziehung thematisiert – anders als in traditionalen Gesellschaften, wo diese Beziehung zum Seelsorger oder zum Schamanen nicht von der Privatwelt des Heil(ungs)suchenden bestimmt war, sondern überindividuelle Bedeutung hatte. Der Schamane heilt durch sein spirituelles Berufensein und geht zu einem Hilfsbedürftigen meist eine nur formale Beziehung ein, die von den beiden Rollen «Helfer» und «Schützling» bestimmt ist. Der moderne Psychotherapeut hingegen «arbeitet» mit der ganz und gar individuellen Beziehung, die zwischen ihm und seinem Patienten entstehen muß. Auch dies ist eine Folge der Individualisierung der Beziehungen und der Bedeutung, die diese ganz und gar privaten Beziehungen haben.

Sollte man in solchen Fällen auch von «Liebe» sprechen? In meinen Ohren klingt dies mulmig, obwohl es durchaus Therapeuten gibt, die hier von Liebe sprechen. Man sieht, wo «Liebe» aufhört und «Beziehung» anfängt, ist schwer zu bestimmen. Beide können das gleiche bedeuten, man kann sie aber definitorisch voneinander unterscheiden.

Dies soll hier gerade nicht geschehen. Lassen wir es beim Chamäleon «Liebe – Beziehung» oder gar «Liebesbeziehung». Jeder wird es in seiner Privatsprache anders benennen – und das ist gut so.

Die Sehnsucht nach dem Frühling:
der ewig Verliebte

Bei unserem Freund Hartmut gibt es zwei scharf voneinander geschiedene Seelenzustände, auf die man sich in unterschiedlicher Weise einstellen muß. Im Normalzustand ist er ein freundlich-besorgter Kamerad, der sich der Belange seines Gegenübers annimmt und eifrig teilhat am Tratsch unseres Freundeskreises. Er ist kompetent, einfühlsam, intelligent, und wir mögen ihn alle sehr gerne. Im «anderen» Zustand aber macht er einen merkwürdigen Eindruck: Er ist dann meist blaß, abgemagert und hektisch. Seine Augen schweifen ins Leere, und er scheint Mühe zu haben, sich seines Gesprächspartners zu erinnern. «Du, ich hab da eine *Wahnsinnsfrau* kennengelernt ...», so beginnt meist das Gespräch, und schon dieses kindliche «Du» gemahnt uns daran, daß wir nun auf den Kontakt zum erwachsenen Hartmut eine Zeitlang verzichten müssen. Es wird dann ziemlich langweilig. Die vielen «Wahnsinnsfrauen», die wir im Lauf der Jahre kennengelernt haben, geraten uns durcheinander.

Klar, jeder von uns kennt den Zauber der Verliebtheit, und wir sind bereit, einem guten Freund das leichte Irresein dieser Phase zuzugestehen. Und auch dies kennt man: diesen Zustand möchte man ewig andauern lassen. Aber so oft?

Es ist ein Glück, dessen Heftigkeit von der überbordenden Sprache des Trivialromans besser eingefangen wird als von der hohen Literatur. «Der Himmel öffnete sich ...», «Aufjauchzend sank sie in seine Arme ...», «Voll seliger Ungeduld ...» – all dies erscheint im Zustand der Verliebtheit nicht mehr einfach kitschig, sondern von tiefer Lebenswärme erfüllt.

Es gibt Menschen wie unseren Freund Hartmut, die in besonderer Weise geneigt, bereit, ja: begierig scheinen, sich immer wieder zu verlieben. Immer wieder von neuem suchen und finden sie das «große Glück», den «idealen Partner», und nur die etwas genervten Freunde verdrehen die Augen, wenn wieder einmal nichts anderes zu zählen scheint als die (oder der) neue Geliebte. In extremen Fällen haben wir es bei diesem Typ von Menschen mit solchen zu tun, die immer nur den ersten Schritt der Hinwendung bewältigen können: jene große und umfassende Gefühlsaufwallung des verliebten Zaubers. Demgegenüber verblaßt der weitere Weg der Liebesbeziehung, ein Weg, den man nicht fliegend und hüpfend bewältigt, sondern schrittweise, oft mühsam gegen Hindernisse ankämpfend. Die Verliebtheit trägt vorerst weit: man vergißt eigene Behinderungen; der andere, der so viel Schönheit und Reichtum verkörpert, macht alles wett. Man hat gleichsam teil an diesen andersartigen Herrlichkeiten. Wenn *dieser* Mensch mich liebt – so sagt eine innere Stimme –, muß mit mir doch alles in Ordnung sein. Dieses Wissen macht stark und sicher.

Meist findet man tausend Gemeinsamkeiten, und auch dort, wo nüchterne Beobachter – und suchten sie auch mit der Lupe – gar nichts Rechtes ausmachen können. Plötzlich merkt eine Frau, daß sie eigentlich «schon immer» ganz große Neigung zum Besuch von modernen Kunstausstellungen verspürt hat. In ihrem rauschhaften Zustand mobilisiert sie denn auch all ihre ästhetischen Talente, verfeinert ihre optische Sensibilität und besinnt sich wohl auch auf längst abgelegtes Wissen. Sie erscheint dem Geliebten mit einigem Recht als die ideale Gefährtin auch im Bereich der bildenden Kunst. Ein Mann wiederum mag erst jetzt bemerken, welch hohe Kunst der Erotik er beherrscht. So wird aus vielerlei kleinen Verdrehungen und falschen Akzentsetzungen das Muster einer symbiotischen Gemeinsamkeit gewebt, die man im Rückblick als reichlich verrückte Spintisiererei betrachten mag.

Verliebtheit in dieser ersten Phase läßt die Bedeutung der eigenen Person sehr schnell anschwellen, ja, sie schenkt der eigenen Person tatsächlich einiges hinzu, von dem man allenfalls geahnt hat, daß man es als Möglichkeit besitzt. Wie kommt das?

Psychoanalytiker teilen menschliches Denken und Empfinden in «primärprozeßhaftes» und «sekundärprozeßhaftes» ein. Letzteres entspricht den allen Menschen bekannten Gesetzen des logisch-diskursiven Denkens mit den entsprechenden Gefühlen von Evidenz, wenn logischen Gesetzen Genüge getan ist. Das sogenannte «primärprozeßhafte» Denken dagegen ist anders strukturiert. Hier ist die Alltagslogik außer Kraft gesetzt – das Denken verläuft bildhaft-assoziativ, innere, sehr persönliche Notwendigkeiten verknüpfen einzelne Bilder, Worte und Sätze; es wird in Symbolen gedacht und nicht in lexikalisch klaren Formulierungen. Künstler beherrschen diese Art von Denken meist sehr gut –

wenn sie wirklich begabt sind, gelingt es ihnen, dies «umzugießen» in allgemeinverständliche Sätze oder Werke. Dies unterscheidet sie von psychisch kranken Menschen, die zwar häufig ebenfalls von dieser Art des Denkens beherrscht sind, es aber – anders als der Künstler – nicht in Werke überführen können, die Gesetzen der Ästhetik oder (zumindest minimalen) logischen Kriterien gehorchen.

In Zeiten gesteigerten Gefühls neigt jeder Mensch zu solch primärprozeßhaftem Denken – und dies ist der Punkt, an dem Verliebte und Künstler sich finden. Zeitweilig wird der Verliebte zum Künstler – nicht selten versuchen sich ja naive Verliebte denn auch im Dichten oder Malen; manchmal beherrschen sie es sogar erstaunlich gut.

In jedem Fall aber fühlen sie sich sich offener für Symbolisches, für künstlerische Darstellungen; sie entdecken in sich (je nach Bildungsgrad) neue Möglichkeiten des Sehens und Hörens, weil sie selbst geneigt sind, in jener anderen und persönlicheren Weise zu denken und zu empfinden. Liebe läßt sich bekanntlich nicht definieren. Sie läßt sich umschreiben und ausmalen; das Bedürfnis nach Mitteilung dieses Gefühls (an die geliebte Person oder an die Welt) bringt denn auch oft Kunstwerke zutage – und seien es nur besonders tief empfundene Liebesbriefe. Dies alles verleiht den Verliebten das Gefühl, wertvoller zu sein, als sie gedacht hatten.

Wer oder was aber verwischt dieses leuchtend schöne Muster – oft schon nach wenigen Wochen? Manche können den Moment erinnern, wo der Geliebte für Sekunden als der Fremde erscheint, einer, den man eigentlich noch gar nicht kennt. Die seelische Hochgestimmtheit der Verzauberung läßt sich nicht durchhalten; gleichsam ermattet sinkt man zurück. An diesem Punkt treten manche Menschen heraus aus dem Zauberkreis; sie verlieren das Interesse. Zusammenkünfte werden schaler, der andere wird nun «objektiver» gesehen. *So* schön, begabt oder sensibel ist er wohl gar nicht; und auch jene ganz besondere Besonderheit des Blicks, den er hat, scheint verschwunden. Natürlich ist dies nicht immer ein bewußtes Gewahrwerden im Augenblick. Es kann auch ein längerer Prozeß sein, an dessen Ende die nüchterne Konstatierung steht: Ich bin nicht mehr verliebt. Dann gibt es vielleicht noch allerhand emotionales Hin und Her, weil dieser Prozeß ja nicht bei beiden synchron abläuft und vielleicht einer das festliche Gefühl noch länger festhalten möchte. Meist endet aber für beide Beteiligten diese Phase als schönes, wenngleich leider allzu früh beendetes Erlebnis – eben ein spannendes Theaterstück, dem man gerne noch weiter zugesehen hätte – aber: leider, leider, der Vorhang ist gefallen, die Lichter verlöschen.

Hat der andere aber trotz Verzauberung und der damit einhergehenden Verblendungen vielleicht eine wichtige Saite anklingen lassen, dann kann es passieren, daß zwei Menschen in die zweite Phase einer Beziehung eintreten. Es ist dies die wichtige und für eine Beziehung entscheidende sogenannte «Phase des Diskurses». Nun dominiert die Andersartigkeit des anderen, die man kennen- und verstehen lernen muß. Es müssen viele Bereiche des Alltags aufeinander abgestimmt werden: banale Kleinigkeiten ebenso wie weittragende ethische Entscheidungen. Und siehe da: die Geliebte zeigt nicht so viel Enthusiasmus für moderne Kunst, daß sie eine ganze Ferienreise dafür opfern würde, und daß er solch kleinkarierte Vorstellungen vom Familienleben hat, hätte man auch nicht vermutet.

Bleibt man bei der resignierten Enttäuschung stehen, dann haben beide das Spiel verloren. Trennung oder auch jahrelanger Kampf kann die Folge sein. Es gibt Liebesenthusiasten, die sich diesem Prozeß des «Aushandelns» nicht stellen wollen – sie ziehen es vor, sich nochmals zu verlieben. Dies ist der Typ des «ewig Verliebten»; früher nannte man ihn auch den «Enthusiasten». Warum und wozu aber braucht er das Dauergefühl der Verliebtheit?

Bedenkt man die vorhergehende Beschreibung, dann fällt die Antwort nicht schwer: denn was könnte mehr Hochgefühl, mehr stolze Verherrlichung der eigenen Person ergeben als der Zustand der Verliebtheit? Nur das Gefühl nach wirklich großen äußeren Erfolgen läßt sich damit vergleichen, mit jener fast wahnhaft anmutenden Bedeutungsüberhöhung, die man sich selbst und allen Geschehnissen der eigenen Umwelt nun angedeihen läßt. Das Nachlassen der Verliebtheit ähnelt daher den Entzugserscheinungen nach Absetzen einer Droge: innere Leere, ein unruhiges Suchen (nach der verlorengegangenen Größe), Depression. Was Wunder, wenn manche Menschen sich die Droge «Verliebtheit» immer wieder zuführen wollen?

Nun ist aber beileibe nicht jeder anfällig für den andauernden Verliebtheitsrausch – so wie ja längst nicht jeder nach einem lustigen beschwipsten Abend zum Alkoholiker wird. Die meisten Menschen empfinden nämlich neben dem Entzücken auch die Belastung der Verliebtheit sehr stark. Ihre psychische Konstitution ist nicht auf Dauererregung eingestellt, das Auf und Ab von Entrückung und Schrecken bekommt ihnen nicht: sie nehmen ab, werden schlaflos, nervös. Ihr Organismus sagt recht bald: Schluß mit dem Unsinn! Und auch ihre Seele merkt, daß nun etwas anderes zum Zug kommen muß: Es ist dies die schärfere Sicht auf den geliebten anderen und damit auch die schärfere Sicht auf sich selbst.

Warum aber gelingt dieser Diskurs so oft nicht in befriedigender Weise? Welche Qualitäten muß man haben, um diesen oft mühsamen Weg gehen zu können?

Er setzt zuallererst voraus, daß jeder selbst weiß, was er will. Dies klingt einfach. Es ist aber das Allerschwerste. Wo unsere Bedürfnisse wirklich angesiedelt sind und welche davon unsere Eigenart so sehr prägen, daß wir sie nicht ohne Schaden für unsere Seele aufgeben können: dies zu wissen ist nicht leicht. Es setzt ein gutes Gespür für die eigenen inneren Erfahrungen voraus, für die seismischen Schwingungen, die uns sagen: Jetzt ist es genug, oder: Bis hierher und nicht weiter. Sehr viele Menschen leben dauernd gegen diese sehr zarten inneren Empfindungen. Sie hetzen durch den Alltag und merken nicht, daß sie eigentlich mehr Ruhe bräuchten; sie belasten sich intellektuell und merken nicht, daß ihr Körper ebenfalls etwas tun möchte. Wenig durchsetzungsfähigen Menschen kann man daher leicht einreden, daß sie etwas nicht oder «nicht so» brauchen. Sie geben schnell nach, weil ihre Unsicherheit über ihre eigenen Gefühle sehr groß ist. Vielleicht weiß der andere es wirklich besser? Sie fürchten Auseinandersetzungen, denn es scheint den Einsatz nicht recht zu lohnen. In ihrer Freizeit ziehen sie sich lieber zurück, lassen sich auf faule Kompromisse ein und wissen letztlich in der Partnerschaft noch weniger als alleine, was sie eigentlich wollen und wer sie sind.

28

Aber auch der Führende in einer Partnerschaft verfehlt seine inneren Regungen. Vielleicht weiß er zwar besser, was ihm guttut – seine Schwachstellen liegen aber dort, wo er den anderen berührt. Er merkt nämlich meist lange nicht, daß sein Partner ihm gar nicht wirklich folgt, daß er daher vom anderen gar nichts bekommen und gewinnen kann. Verdoppelte Langeweile ist der Preis, den er zahlt. Wo kein Widerstand ist, wird das eigene Begehren zunehmend schattenhaft und ungewiß. Schließlich landet auch der durchsetzungsfähige Despot im Niemandsland: Ist jenes Verlangen nach Geselligkeit wirklich echt, oder hat man es nur aus lauter Rechthabenwollen dauernd durchgesetzt? Wollte man wirklich in jener engen Zweisamkeit leben, in die man den Partner hineingezwungen hat? Wenn ein neuer auftaucht, können sich die angeblich so persönlichen Bedürfnisse oft drastisch verändern.

Es heißt also nicht nur, eigene Strebungen, Leitmotive und innere Empfindungen festzustellen; es heißt auch – und auch dies ist der Sinn des Diskurses unter Liebenden –, diese dem anderen in einer Form darzustellen, daß er sie als wichtig erkennen kann. Natürlich muß man – sozusagen als Gegenleistung – selbst auch bereit sein, die Bedürfnisse des anderen wahrzunehmen und zu akzeptieren.

Keinesfalls kann die Rede davon sein, daß man in der Partnerschaft alles erfüllt bekommt, was man will. Auf einiges kann man verzichten, anderes wird sich ändern, und einiges wird man sich alleine oder mit anderen Menschen erfüllen müssen. Erst in diesem Prozeß der Kenntnisgabe und Kenntnisnahme aber wird einem ein Stück des eigenen Seelenlebens vertrauter. Widerstand und Unverständnis des Geliebten sind wichtige Verständnishilfen für die eigene Befindlichkeit. Deshalb ist eine im Diskurs gelebte Partnerschaft eine wichtige Chance zur langsamen Entwicklung des Erwachsenen.

Die anderen aber, die «ewig Verliebten», sind anders konstruiert. Ihr Seelenleben ist auf Dauer-Dramatik eingestellt. Der (die) Geliebte ist Zuschauer der eigenen Verliebtheit und der damit verbundenen seelischen Aufschwünge; immer neue Demonstrationen der eigenen Begabung, Feinfühligkeit und Sinnlichkeit verleihen dem Alltag Bühnenglanz und lassen oft vergessen, wer sich eigentlich im Zuschauerraum befindet. Mit häufiger Wiederholung des Stückes wird dies tatsächlich ziemlich beliebig. Die Geliebte verliert ihre Besonderheit, die Projektionen werden zunehmend schemenhafter.

Es muß aber neben dem Drang zur Dramatik auch noch die Begabung zur Eroberung vorhanden sein. Zwar gibt es ab und zu auch den Typ des «ewig unglücklich Verliebten», aber dieser gehört zu einer anderen Kategorie. Er tummelt sich lieber im Phantasiebereich und vermag dazu noch seinen sublimen Leiden allerhand abzugewinnen. Die anderen «ewig Verliebten» aber sind meist ausgestattet mit einer Fülle bezaubernder Eigenschaften: Charme, Schönheit, Redegewandtheit und rasches Einfühlungsvermögen in das, was der andere gerade hören will. (Dies ist etwas anderes als die Fähigkeit zur Empathie, die ein langsames und vorsichtiges Vortasten in die innere Welt des anderen darstellt.) Sie können wirklich bezaubern und nützen diese Gabe meist weidlich aus.

Die Eroberung des gemeinsamen Liebesweges aber verlangt das Zurücktreten, die Ernüchterung. Gerade diese Nüchternheit, die aus einem stabilen Vertrauen in die Fähigkeit resultiert, einen anderen Menschen halten und ertragen zu können, fehlt diesen ewigen Enthusiasten der Verliebtheit. Jede neue Frau (Mann) soll ja nur dazu dienen, das schwankende Selbstwertgefühl zu stützen. Verlangt der andere aber sein Recht, dann wird die Beziehung abgebrochen.

Dieser Unwille zur Entwicklung verleiht dem Enthusiasten der Liebe eine oftmals bezaubernde Form der Unreife. «Ein Knabe all sein Leben lang» wurde dann auch unser Freund Hartmut in einem Geburtstagsgedicht betitelt. Seine pubertäre Begeisterungsfähigkeit spiegelt sich sogar in seinem Äußeren: noch immer wirkt er jugendlich-elastisch und faltenlos wie ein Zwanzigjähriger. Wären nicht seine ergrauenden Haare – niemand käme darauf, daß er bereits sechsundvierzig Jahre alt ist und aus einer frühen Verbindung eine zweiundzwanzigjährige Tochter hat. Dementsprechend ist er natürlich auch stolz auf seine vielen recht jugendlichen «Eroberungen». Schon deswegen haben übrigens seine alten Freunde keine rechte Lust mehr, die «tollen Frauen» jeweils kennenzulernen. «Ist sie denn schon volljährig?» spötteln sie. Sosehr wir Hartmuts Qualitäten schätzen – nun, da sich seine alten Freundinnen selbst im mittleren Alter befinden, würde ihn keine von ihnen als Partner noch ernsthaft in Betracht ziehen wollen – auch Elke nicht, die vor zehn Jahren leidenschaftlich in ihn verliebt gewesen ist. «Mit Hartmut kann ich mir keinen Alltag vorstellen. Bei ihm bewegt sich nur etwas, wenn die Schubkraft der Begeisterung dahintersteht – alles andere ist ihm langweilig», meinte sie unlängst. Damit hat sie etwas ausgesprochen, was in dichterischer Weise Ludwig Hohl sagt:

> *Es braucht Mut, in den klaren Tag hineinzugehen; Mut und Stärke, den Sommer zu ertragen. Jene sind nur fähig, den Frühling zu ertragen und höchstenfalls den Herbst. Darum, weil sie selber, innerlich also, nicht produktiv sind. Daß überall Veränderung sein muß, ist Grundgesetz; wer nun die Veränderung nicht durch seine Leistung herbeiführt, braucht äußere; wie wollte er den Sommer ertragen, seine Unbeweglichkeit, seine unbewegliche Größe?*

Die Schwierigkeiten
mit der Liebe in unserer Zeit

Wir alle haben Gedichte, Lieder, Romane und Fernsehspiele im Kopf, die von Liebe, von Verliebtheit und auch (schon etwas weniger!) von Treue bis in den Tod künden. Unsere Vorstellungen von diesem offenbar ewig menschlichen Thema sind davon vielleicht mehr bestimmt als von unseren eigenen Erfahrungen. Manchmal könnte man natürlich auch verzweifeln darüber, daß die Realität sich so wenig deckt mit dem, was hier von Künstlern gepriesen wird. Ist also Liebe wirklich ein ewiges Thema? Ist es in der von Künstlern dargestellten idealen Form nur von wenigen Auserwählten erlebbar? Oder hat sich dieses Gefühl vielleicht im Laufe der Jahrhunderte verändert? Und damit natürlich auch die Möglichkeit von Treue? Und: Was ist das überhaupt: Treue?

Wenn wir zurückgehen in Europa bis ins Mittelalter, dann finden wir zwar auch immer wieder sehr schöne Worte über die Liebe, aber meist sind sie doch von und für sehr außergewöhnliche Menschen bestimmt. Die berühmten Minnelieder galten vermutlich meist nicht einmal realen Frauen, sondern eher den Traumfiguren der Minnesänger oder dem, was sie in irgendeine unerreichbare Frau hineinträumen.

Die Realität der Geschlechterbeziehung des normalen

Volkes aber war davon nicht wirklich berührt. Was immer wir historisch über die Liebe wissen: Es ist sehr viel mehr die Liebe der «Großen» als die der kleinen Leute.

Aber auch bei den Großen dieser Welt bedeutete früher «Liebe» wohl etwas anderes als bei uns, zumindest war sie mit ganz anderen Vorstellungen von Treue und Einmaligkeit verbunden. Karl der Große zum Beispiel hat seine zweite Frau Hildegard (die erste verstieß er) als seine «große Liebe» bezeichnet, aber dies hat ihn nicht daran gehindert, vier Konkubinen und neun oder zehn außereheliche Kinder zu haben. Niemand wäre auf die Idee gekommen, ihm Untreue vorzuwerfen. Treu war er, weil er sie nicht nur nicht verstieß, sondern auch oft auf Reisen mitnahm, bei der Tafel neben sich sitzen hatte und auf vielerlei Weisen zeigte, daß er sie achtete und wohl auch liebte (Beuys, Seite 43 ff).

Bis ins 19. Jahrhundert hinein waren die meisten Leute arm, hatten gerade das Nötigste. Wenn zwei sich zusammentaten, um ihren Besitz zu mehren oder zumindest zu halten, dann waren zunächst natürlich nicht so zarte Dinge wie Liebe und Erotik wichtig. Natürlich gab es diese, aber wenn Ehe und Liebe zusammenfielen, dann war es ein Glücksfall (Shorter, Seite 74 ff).

Aus dem 12. Jahrhundert haben wir eine Art Streitschrift über die Liebe unter Eheleuten, wobei der Mann sagt: «... daß es doch eindeutig feststeht, daß zwischen Ehemann und Ehefrau die Liebe keinen Platz beanspruchen kann.» In der Ehe gäbe es nur Freundschaft. Es wird ihm in dieser Streitschrift von der Frau zwar widersprochen, aber der unparteiische Richter, den die beiden anrufen, gibt dem Mann recht. Noch bis ins 18. Jahrhundert galt es vielen als ausgemacht, daß in der Ehe weder Leidenschaft noch Liebe einen Platz hatte und Sexualität vor allem funktional gesehen wurde (Baumgart, Seite 149 f). Wir haben aus allen Jahrhunderten aber auch Berichte über den «Glücksfall» einer Ehe, die all dies in sich vereinigt. So schrieb eine adelige Frau von Ilten 1694 an ihren oft lange Zeit in Hofdiensten abwesenden Gemahl: «Habe wohl viel, mein Herzenskind, in dieser Zeit an Euch gedacht. Es ist nun schon ein halb Jahr, daß Ihr abwesend, scheint, das destin [Schicksal] will es so … Der Höchste nehme uns in seinen Schutz, behüte Euch, mein Herzenskind, vor allem Übel und Unfall, lasse uns einander mit Freuden wiedersehen, bin Eure getreueste Dienerin …» (zitiert in: Beuys, Seite 286 f). Das klingt nach ehelicher Liebe.

Der Normalfall war sie wohl nicht. Da mußten die diversen Prediger (katholischer und evangelischer Konfession) sehr wohl gegen viele Mißstände öffentlich zu Felde ziehen, was Rückschlüsse erlaubt auf den Ehealltag. So sagt etwa Luther jedem, der der Meinung ist, «daß ein Weib ein nötiges Übel»: «… so halte aufs erste fest, daß Mann und Frau Gottes Werk sind, und halte dein Herz und Mund zu und nenne das nicht böse, was er selbst gut nennt.» Gott selbst nenne «das Weib gut und eine Gehilfin … siehe, mit diesem Spruch stopft man allen das Maul, die über die Ehe klagen und schelten» (zitiert in Beuys, Seite 228).

Man tat sich also vorwiegend zusammen, um für die Härten des Lebens besser gerüstet zu sein, dazu war es in vielen Kreisen natürlich wichtig, daß die beiden, die heiraten wollten, auch auf der sozialen Ebene zusammenpaßten. Dafür sorgten meist die Eltern. Auch da gab es Ausnahmen – zum

Beispiel die Heirat einer Freien mit einem Unfreien. Aber solche Geschichten gingen oft schlecht aus, weil eben der nötige finanzielle Rückhalt doch zu sehr entbehrt wurde. Liebe war also kein notwendiges Ingrediens einer Mann-Frau-Beziehung, wenngleich es sicher schön war, wenn dieses Kräutlein auch noch dazukam. Es stellte sich wohl auch oft nach der Heirat die Liebe ein, aber wir haben auch Berichte, daß es glückliche Paare gab, wo alles zusammenkam: die Liebe, der Wille der Eltern und das Geld.

Was den Unterschied zu heute ausmacht, ist vermutlich nicht das Liebesgefühl selbst (wir sind ja durchaus tief berührt, wenn wir Liebeslieder aus der Feudalzeit oder sogar aus der Antike hören, und können sie sehr wohl verstehen), es ist der Anspruch, daß jede ernsthafte Mann-Frau-Beziehung von diesem Gefühl begleitet sei, und unsere Hoffnung, daß dies womöglich ewig dauern möge. Und dieser Grundanspruch führt auch noch etliche andere Erwartungen mit sich.

Dies, so können wir mit Sicherheit aus vielen, vielen Berichten schließen, gab es in vormodernen Zeiten nicht. Man hatte kein *Anrecht* auf Liebe, vor allem dann nicht, wenn man einfacher Herkunft oder auch nur normal-bürgerlicher Herkunft war. Wenn der Partner seine ihm oder die Partnerin ihre ihr zugedachte Rolle gut erfüllte, dann konnte man sich glücklich preisen und tat es auch meist. Das hieß: der Mann mußte fleißig sein und genügend Geld heranbringen, die Frau mußte wirtschaftlich und sparsam sein, die Kinder gut erziehen, und beide beschränkten sich – zumindest in einfacheren Kreisen – auf ihr Familienleben. Außerdem: sehr viele Menschen konnten bis ins 19. Jahrhundert hinein nicht daran denken, sich ehelich zu verbinden (Knechte, Mägde, Gesellen ohne eigenen Betrieb), wenn auch aus der hohen Anzahl der unehelichen Kinder erschlossen werden kann, daß es damals sehr wohl auch in diesen Kreisen eheähnliche Gemeinschaften gab. Wenn man nicht daran denken konnte, als Familie zusammenzuleben und ein eigenes Heim zu gründen, mußte die Liebe andere Formen annehmen als heute.

Aber was hieß denn damals «Treue» und auch «Liebe», wenn man nicht damit rechnen konnte, lange zusammenzubleiben, weil der Tod so viele Paare schon nach kurzer Zeit auseinanderriß? Die kurze Lebensdauer der Menschen, besonders der Frauen, brachte es mit sich, daß einmal geschlossene Ehen nicht länger als zwölf Jahre im Durchschnitt bestehen blieben – also eine Zeit, in der bei uns heutzutage vielleicht gerade die ältesten Kinder das Gymnasium besuchen.

Es ist daher oft davon die Rede, daß die Menschen früherer Jahrhunderte (also: bevor die Medizin die schlimmsten Killer in den Griff bekam) in seriellen Ehen gelebt hätten, so wie das auch heute oft der Fall ist: also in mehreren Ehen hintereinander. Dies galt vor allem für Männer, die ihre Frauen verloren wegen des Kindbettfiebers und anderer Komplikationen bei der Geburt.

Was aber unterscheidet dann unsere sozusagen «durchschnittliche» Liebesform von der anderer Zeiten und Kulturen? Ich denke: sehr viel!

Es sind die Ansprüche, die Phantasien und die Erwartungen an die Liebe, die den Unterschied ausmachen. Und mit diesen anders gearteten Ansprüchen verändert sich auch unser Gefühl, so wie wir es im Alltag leben. Natürlich: das Gefühl erster erotischer Verliebtheit mag immer und überall etwa gleich sein – die gelebte Liebe aber ändert sich mit den Kulturen und Epochen.

Ich gehe nur ganz kurz darauf ein, was sich rein äußerlich verändert hat zwischen den Geschlechtern:

Es entsteht im Laufe der Modernisierung (das heißt: der Industrialisierung) eine scharfe Zweiteilung des Lebens in die Sphäre der Arbeit und in die der Familie. Viele Frauen – vor allem diejenigen bürgerlicher Herkunft – wurden verbannt in die eine Sphäre: in das Haus. Dieses Einsperren der Frauen führte aber bald zu einer Gegenbewegung, zu der modernen bürgerlichen Emanzipationsbewegung der Frau, die Ende des 19. Jahrhunderts vehement begann und trotz vieler Rückschläge und Stagnationsphasen (bis heute) das Bewußtsein davon veränderte, was eine Frau ist, was sie kann, was sie daher auch in der Partnerschaft erwarten kann. Daß sie nun eine ebenso lange, bald sogar eine längere durchschnittliche Lebenserwartung hatte als der Mann, ist dafür die Voraussetzung, ebenso die Tatsache, daß nicht mehr unbegrenzter Kindersegen erwünscht war und sich auch nicht einstellte. Die bürgerliche Frau wurde frei für anderes als KKK zu Hause.

Aufklärung und Romantik hatten die Möglichkeit geschaffen, über enges traditionelles und religiös gebundenes Denken hinauszugehen, neue Überlegungen über die Bestimmung des Menschen anzustellen: über sein Recht auf Freiheit, auf politische und persönliche Freiheit, über sein Recht, althergebrachte Formen des Verhaltens hinter sich zu lassen und neue Möglichkeiten des Zusammenlebens zu erfinden.

38

Der Zerfall von Traditionen gab den einzelnen frei und machte ihn zum autonomen Gestalter seiner Geschicke. Diese Freiheiten aber sind erkauft – und das gilt für das Ende des 20. Jahrhunderts noch prägnanter als für seinen Anfang – mit einem umfassenden Gefühl der Unsicherheit. In den letzten Jahrzehnten ist diese Unsicherheit noch verstärkt worden durch die Angst, auf dieser Erde vielleicht überhaupt nicht mehr lange in menschenwürdiger Weise leben zu können.

Die innere Unsicherheit aber betrifft sehr viele Bereiche. Wie soll man leben? Diese Frage beantwortet sich nun nicht mehr von selbst, weil Kirche, Staat und Kaiser darauf eine Antwort wissen. Man muß sich sein Leben immer wieder neu «erfinden» (natürlich gibt es gewisse Konstanten), vor allem im privatesten Bereich der Beziehungen. Gerade die Liebesbeziehungen intimer Art aber werden nun zu einem Garanten von Sicherheit oder auch Unsicherheit. In konventionelleren Zeiten gab die Tatsache, daß man Kaufmann oder Bauer oder Bankier war, ziemlich viel Sicherheit. Hatte man daheim eine zänkische Frau oder eine, die schlecht haushielt, dann war das zwar ein Unglück, aber es mußte nicht das innerste Gefühl von Identität, von Sicherheit betreffen, das einen Mann auswies als «den, der eben seinen Stand vertritt».

Das hat sich geändert. Unsere Beziehungen, vor allem die intimen, definieren sehr stark das, was wir sind, weil auch unsere Freizeit sehr viel mehr von unserem inneren Leben symbolisiert als das Arbeitsleben. Solche Beziehungen sind – da in den meisten Fällen die Gemeinsamkeit der Arbeit fehlt – stark gefühlsmäßig aufgeladen und reichen daher tief hinein in das Zentrum der beteiligten Personen. Die meisten Menschen sind stark angewiesen auf das Funktionieren dieser Beziehungen. Das trifft übrigens auch auf andere nähere Beziehungen zu, etwa auf Freundschaften und die Beziehungen zwischen Eltern und Kindern. Nicht mehr die Arbeitswelt, die den meisten von uns recht entfremdet entgegentritt (man ist eben doch in den meisten Bereichen ein auswechselbares Rädchen), sondern die menschlichen Beziehungen, in die man eingebunden ist, garantieren Identität. Nur wenn ich geliebt werde, bin ich wirklich vorhanden, so lautet das Credo vieler Menschen. Da aber Gefühle etwas sehr Schwankendes sind, ist diese Identität durch Beziehung immerfort gefährdet, und das heißt, daß zwei (oder mehr) Unsicherheiten zusammenkommen und sich folglich steigern. Gleichberechtigung wird auch in Gefühlsdingen gefordert, daher ist die immer schwierige Balance von Nähe und Distanz noch schwieriger geworden.

Etwas anderes kommt noch hinzu: Die Wichtigkeit unserer Beziehungen bringt es mit sich, daß wir von diesen Beziehungen sehr viel fordern: nicht nur lebenslange Beständigkeit, also Treue (die individuell sehr unterschiedlich definiert werden kann), sondern auch die Möglichkeit lebenslanger Entwicklung. Und dies ist die zweite Neuerung in den Liebesbeziehungen, wenn wir sie mit traditionellen Zeiten vergleichen: sie sollen das gewährleisten, was jedem Menschen (Mann und Frau) seit den Zeiten der Aufklärung gestattet sein muß: sich frei zu entwickeln. Das aber heißt: einem Gesetz seiner persönlichen Entwicklung folgen zu dürfen. Die Weltgesundheitsorganisation WHO hat in ihre Definition von Gesundheit aufgenommen, daß eine Person nur dann gesund sei, wenn sie alle ihre Möglichkeiten entwickeln kann. Dieser Gedanke der Entwicklung des einzelnen (und zwar der lebenslangen Entwicklung) ist nahe verwandt dem Fortschrittsglauben des frühen Technikzeitalters und sozusagen der private «Rest» dieses optimistischen Weltbildes. Ein hoher Anspruch, sicher sehr oft nicht zu erfüllen, aber als Anforderung steht dieser Anspruch da und wird auch immer wieder zitiert, wenn es Probleme gibt. Die gab es in meiner Generation (vielleicht auch noch in späteren) reichlich in bezug auf die Stellung der Frauen. Die Anschuldigung: «Du hast mir jede persönliche Entwicklung verwehrt, du kümmerst dich nicht um meine Bedürfnisse» ist eine typische Frauenanklage. Oder: «Ich habe lange Zeit meine Bedürfnisse überhaupt nicht gekannt, ich muß sie erst langsam aufspüren ...» Auch das sind für Frauen, die in den vierziger und fünfziger Jahren erzogen wurden, sehr typische Problemformulierungen.

Eheratgeber, aber auch wissenschaftliche Werke über die Ehe bestätigen immer wieder das, was für den modernen Menschen wichtig ist: daß er sich seiner lebenslangen Entwicklungsmöglichkeiten bewußt ist und diese auch und gerade in der Paarbeziehung einfordert.

Aber die Wichtigkeit der Beziehung als Identitätsstabilisierer und die Forderung nach lebenslanger Entwicklung sind zugleich auch die Stolpersteine unserer modernen Beziehungsformen. Denn wer kann in dieser schnellebigen Zeit garantieren, daß er sich wirklich in Harmonie mit dem anderen entwickeln wird? Persönliche Entwicklungsverläufe (und durch die gestiegene Lebenserwartung haben wir wirklich viel Zeit, uns solche Entwicklungen auch zu «gönnen») sind nicht vorher zu planen; es «ergibt» sich vieles. Wenn einer der Partner – Mann oder Frau – neue Freunde findet oder gar einen Geliebten, dann kann er oder sie – wenn sie moderne Menschen sind – darauf «beharren», daß er oder sie nun eben eine andere Entwicklung nehmen muß. Meist will er (sie), daß der Partner diese Entwicklung versteht und mitmacht – aber genau dies läßt sich sehr oft nicht vereinbaren mit den Entwicklungsgesetzen, die der andere Partner gerade befolgt. Das oft ungemein hartnäckige Hin- und Hergezerre, wer denn nun von wem abhängig ist, wer seine Bedürfnisse besser durchsetzt, wer diese oder jene Lebensform bestimmen kann: All dies ist verstehbar auf der Folie eines immer wieder durchscheinenden Anspruchs, der da heißt: Ich will mich selbst verwirklichen, ich will meine eigene Entwicklungsgesetzlichkeit leben. Es gibt sehr viele Formen, in denen man sich «verwirklichen» kann, wie es in moderner Sprache heißt. Aber welche die richtige ist, darüber gibt es viele Auseinandersetzungen zwischen den Partnern, auch wenn sie nicht diese Vokabel gebrauchen.

Was nun die «richtige», die jeweils «adäquate» Lebensform ist, das entscheidet nicht mehr der Beichtspiegel oder das Reglement des Militärs. Das entscheidet neuerdings eine andere Instanz, nämlich das Gefühl für die «Authentizität». Charles Taylor, ein Sozialphilosoph, der die modernen Beziehungen analysiert hat, nennt unsere Kultur daher eine «Authentizitätskultur». Das heißt: Wir hören nicht mehr unbedingt auf äußere Stimmen, sondern durchgängig auf die innere Stimme, auf das, was ich als «authentisches Gefühl» in innerer Evidenz weiß und spüre. Wie wir alle wissen, ist dieses Gefühl aber nichts, was unsere Unsicherheit endgültig beheben kann. Gerade dieses Gefühl ist sehr labil, sagt immer wieder etwas anderes, aber im jeweiligen Augenblick haben wir den Eindruck, es betrüge uns nicht. Und auch hier liegen wieder Schwierigkeiten der Partnerschaft minengleich verborgen. Denn meine eigene Authentizität muß und kann vom Partner nicht unbedingt anerkannt werden. Ja, er kann verzweifelt sein, daß der oder die andere, die oder der vor einiger Zeit so überzeugt von Treue geredet hat, nun plötzlich mit großer Sicherheit (innerer Evidenz) davon ausgeht, daß gerade diese Treue sie oder ihn an ihrer oder seiner persönlichen Entwicklung hindere.

Mit einem Wort: Auch Authentizität ist nichts, worauf man sich letzten Endes stützen kann, obwohl sie von vielen Menschen recht hartnäckig als das angesehen wird, was in mitten einer Welt der Unsicherheit eine gewisse Ordnung herstellt.

Ehe- und Scheidungsberater kennen diese Probleme sehr gut. Der verzweifelte Hinweis, man habe doch selbst sehr offen und ehrlich seine Gefühle bloßgelegt, aber der andere wehre alles ab, er projiziere, rationalisiere, verbalisiere bloß, durchzieht viele Beratungsgespräche.

Hier spielt die moderne Psychologie eine wichtige Rolle. Das Verlangen nach Authentizität (Trilling), das auch in der Literatur erst vom 19. Jahrhundert an wichtig wird (vorher genügte es, wahrhaftig zu sein, also den anderen nicht zu täuschen, später ging es eher um die Selbsttäuschung), dieses Verlangen geht Hand in Hand mit der Explikation einer modernen Psychologie, vor allem der Psychoanalyse und ihrer Vorläufer. Denn wie anders als mit recht subtilen Konzepten für das innere Leben kann man beschreiben, worin Selbsttäuschung jeweils besteht und welche Ziele sie hat oder wie man zu einem ganz ehrlichen Einblick in die echten eigenen Wünsche und Bedürfnisse kommt? Begriffe wie «Projektion», «Verdrängung», «unbewußte Wunscherfüllung», «Pseudo-Persönlichkeit» und natürlich: «das Unbewußte» spielen bei dieser Reise ins Innere eine große Rolle. Psychisches muß verbal formuliert werden, damit es faßbar wird. Die moderne Psychologie ist genau dazu da, diese Vorstellungen von Authentizität, von innerer Evidenz faßbar zu machen.

Dies alles macht es schwierig, Partnerschaften aufrechtzuerhalten, noch dazu für das ganze Leben. Die hohen Scheidungszahlen sind ein schlüssiger Beweis für diese große Schwierigkeit, die wir modernen Menschen uns da aufgebürdet haben. Die Frage «Warum lassen sich so viele Menschen scheiden?» ist leicht zu beantworten. Schwieriger scheint mir die Antwort auf die Frage «Warum bleiben doch so viele zusammen?». Wenn man auch annehmen kann, daß viele Menschen eher aus äußeren als aus inneren Gründen zusammenbleiben (Kinder, Prestige, Geld), so gibt es doch zweifellos auch viele Menschen, die trotz der Schwierigkeiten, mit denen fast alle Paare konfrontiert sind, zusammenbleiben wollen und dies auch aus inneren Gründen. Man könnte sagen: weil sie sich lieben. Was aber bedeutet das heutzutage, wenn man diese vielen Schwierigkeiten mitbedenkt?

Nun, wie zu allen Zeiten bedeutet es zwischen den Partnern sehr oft: Sie finden sich erotisch anziehend, sie lieben einander körperlich. Das kann ein aufregendes Gefühl sein oder aber die Ruhe meist der späteren Jahre, wo man die Beständigkeit des körperlichen Zusammenseins und das Einander-Kennen liebt. Übrigens gilt all dies auch für gleichgeschlechtliche Paare. Es bedeutet aber auch noch anderes, nämlich: die Bereitschaft, sich den Veränderungen des anderen zwar nicht anzupassen, aber sie zu respektieren. Dies war in traditionellen Zeiten noch kein besonders wichtiges Thema. Was heutzutage abstrahierend als die «Balance von Nähe und Distanz» bezeichnet wird, fällt zu einem Teil auch in diese Rubrik der Bereitschaft, den anderen nicht als ein für allemal festgelegte Person zu sehen, sondern seine andersartigen sowie auch die eigenen Veränderungen mit einzukalkulieren in eine Partnerschaft, wenn sie lange, vielleicht lebenslang, dauern soll. Dies ist schwierig. Ehen, die unter dem Primat der gemeinsamen Interessen für Sport und Geselligkeit begonnen haben, können langsam eine Verflachung erleiden, weil einer der beiden Partner (meist die Frau) immer mehr aufgeht in der Begeisterung für die Kinder. Am schwierigsten sind rapide Entwicklungen der Frauen zu verkraften. Wenn sie im Beruf Erfolg haben, womöglich mehr Erfolg als ihre Männer und sich daher auch ihre Interessen ändern, dann wird das Zusammenleben sehr schnell zum Problem.

All das ist nur mit viel innerem Einsatz zu bewältigen, mit großem Aufwand an Einsicht in innere Prozesse. Daher auch der Versuch vieler Paare, mit Hilfe eines anderen Menschen Klarheit zu gewinnen über ihre innere Lage, also zu Ehe- und Partnerschaftsberatungen zu gehen, um sich klarzuwerden über die noch vorhandenen Gemeinsamkeiten.

Liebe und Treue zu bewahren war nie leicht, ist heute aber besonders kompliziert und deswegen um so schwerer.

Treue zum Beispiel ist ja längst nicht mehr nur definiert als körperliche Treue. Die Treue zum Lebensstil und das Ja-sagen zur Person des anderen, auch wenn er sich verändert, sind genauso wichtig. Es wäre falsch, den einzelnen verantwortlich zu machen für das Scheitern seiner Beziehung. Schuld des einzelnen kann natürlich überall gefunden werden, aber man muß klar sehen: Ehen sind heutzutage etwas Schwierigeres als früher, wo sie ganz anderen Ansprüchen zu genügen hatten. Ich glaube nicht, daß in Zukunft die Scheidungszahlen sinken werden. Ich hoffe aber, diejenigen Paare, denen es nicht gelingt, lebenslang miteinander verbunden zu bleiben, können sich besser als bisher klarmachen, daß es nicht die ganz besondere Bösartigkeit des anderen ist, die zum Scheitern führt, sondern daß sie beide an einem sehr schwierigen sozialen Experiment teilnehmen, das auch in Zukunft sicher nicht alle durchstehen werden. Dies sollte auch Trennungen leichter machen und ihre ungemein große Bitterkeit und Schärfe ein wenig mildern.

Die
sexuelle Gratwanderung

Sexualität ist ohne Zweifel ein Produkt des Diskurses über Sexualität. Es gibt heutzutage sehr viele Formen dieses Diskurses und, unabhängig davon, wie dieser aussieht, also ob Sexualität als etwas Heilig-Entgrenzendes angesehen wird, als hygienische Maßnahme oder als Ausdruck von Liebe, müssen wir doch zur Kenntnis nehmen, daß sie auch gebunden ist an körperliche, an biologische Gegebenheiten, und damit, wie wir seit Freud wissen, unabänderlich verwoben ist in die psychische und psychophysische Entwicklungsgesetzlichkeit des Menschen.

Als Psychologin befasse ich mich mehr mit diesem Aspekt der Sexualität und weniger mit dem ideologischen Diskurs, in dem Sexualität steht. Aber ich möchte das einfach als Hintergrundwissen parat halten – wie wichtig die ideologische und die institutionelle Determinante der Sexualität ist, und daß sie nicht weggedacht werden kann, wenn man menschliche Sexualität betrachtet.

Noch eine Einschränkung: Ich werde Sexualität dort betrachten, wo sie trotz aller Liberalisierung am häufigsten gelebt wird und wo viele Menschen ihr auch ihren Platz geben wollen, nämlich in der alltäglichen Partnerschaft. Meist ist es die Ehe, und der Einfachheit halber werde ich nicht immer von «Ehe und Partnerschaft», sondern verkürzt von Ehe sprechen. Ich betrachte Sexualität also dort, wo die Intimität des gemeinsamen Lebens weit mehr Bereiche umfaßt als das Bett, wo ein umfassendes Konzept einer ja meist auf Dauer gewünschten, wenn auch nicht immer erreichten Gemeinsamkeit besteht.

Ich rede also nicht von dem «amour fou», von der Passion, von der entgrenzenden erotischen Verzauberung, wie sie sozusagen als Stichflamme in manchen Lebensläufen immer wieder auftaucht, sondern ich spreche von der partnerschaftlichen Sexualität, denn dort ist das Moment von Distanz und Nähe, von Autonomie und Intimität ein ganz besonders wichtiges Problem für das sexuelle Leben. Dort will ich es aufspüren, weil es sich dort besonders deutlich zeigt.

Das allgemeine Entwicklungs- und Lebensprinzip des Menschen besteht aus einem Wechsel von Distanz und Nähe. Ein Wechsel, den wir schon beim kleinsten Säugling sehen, der in der intimsten Form der Nähe, nämlich wenn er an der Mutterbrust trinkt, doch wieder heraus muß aus diesem symbiotischen Geschehen und wieder alleine sein muß, wieder Ruhe braucht und Abschirmung, und wo durch alle Entwicklungsphasen hindurch immer wieder dieses Prinzip von Gemeinsamkeit, Vertrauen, Intimität, Symbiose abgelöst werden muß vom Hinausgehen, von der Autonomie.

Nur so wird allmählich die Möglichkeit erreicht, daß sich das Ich vom Nichtich abgrenzt: in der schlichtesten Form beim ganz kleinen Kind, das langsam merkt, wo seine Körpergrenzen liegen und wo Gegenstände und andere Menschen beginnen, und auf höherem Entwicklungsniveau dort, wo ein Kind begreift, daß es selbst eine eigene Person ist, die andere Gefühle, andere Wünsche hat als die Mutter und der Vater, die wiederum ihrerseits eigene Personen mit eigenen Wünschen und Gedanken sind.

Soviel zur Voraussetzung der von den Psychoanalytikern so genannten «Objektkonstanz», also der Tatsache, daß man sich über längere Zeit merken kann, wer der andere ist, auch wenn er abwesend ist. Das geschieht nur, indem ich langsam begreife, wer ich selbst bin. Meine zentrale These ist, daß die Ehe der Ort ist, wo die Fragen «Wer bin *ich*? Wer ist der *andere*?» nach dem Durchlaufen der kindlichen Entwicklungsphasen bis hin zum Erwachsenenalter sich am deutlichsten stellen.

Ich denke, daß die Ehe der Kristallisationspunkt dieser Problematik ist, die es immer schon im Laufe der Entwicklung gegeben hat, nämlich eben dieser Frage: «Wieviel Nähe kann ich ertragen, wieviel brauche ich, ohne daß ich die Grenzen zwischen mir und dem anderen plötzlich verschwimmen sehe?», und andererseits der Frage: «Wieviel Distanz brauche ich, und wieviel kann ich ertragen, ohne daß ich mich vollkommen verloren und verlassen fühle?»

Dieses Problem von Nähe und Distanz oder von Intimität und Autonomie stellt sich in besonders auffallender und auch oft in sehr lärmender Weise in der Pubertät. Das Neue daran ist, daß hier die volle genitale Sexualität dem Problem seine ganz besondere Schärfe, aber auch «Würze» gibt. Das sexuelle Erwachen und der Drang nach außen sind verbunden, man kann auch sagen: eines bedingt das andere – beides gehört zusammen. Volle Sexualität braucht das Neue, das Erregende, das, was «außerhalb» ist, das, was nicht immer schon bekannt war.

Der Zürcher Psychologe und Ethologe Norbert Bischof, ein Schüler von Konrad Lorenz, hat in seinem Buch «Das Rätsel des Ödipus» durch alle Ebenen der Forschung hindurch aufgezeigt, daß volle Sexualität nur dort möglich ist, wo etwas Neues auftritt, wo etwas erregend Neues sich ergibt. Und er geht, weil Sexualität ja auch ein biologisches Phänomen ist, das wir mit Pflanzen und Tieren teilen, bis in die Tierwelt hinein und zeigt auf, daß dort, wo Tiere nicht domestiziert sind, wo sie noch in ihrer natürlichen Umwelt leben, ihre Sexualität im *eigenen* Klan sich schlecht oder gar nicht entfaltet, nämlich dort, wo Brutpflege geherrscht hat, wo die Sorge, die Intimität vorherrscht.

Es gibt Tiere, die in der eigenen Gruppe nie zu einer vollen hormonellen Reife kommen. In dem Augenblick – und das kann in Stunden sein –, in dem sie herausgenommen werden aus dem Klan, in eine fremde Familie kommen oder in einen fremden Klan, springt die Hormonproduktion an, und es kommt zur vollen sexuellen Entfaltung.

Ich finde das ein interessantes Ergebnis, und es widerspricht auch in keiner Weise sehr vielen anderen Befunden, die wir haben. Befunden im Märchen, die das Fremde und das Erregende mit dem Sexuellen koppeln und das Vertraute und das Warme, das Bergende eben eher mit dem Kindlichen, wo Sexualität dann aufhört. Es gibt in vielen Kulturen Mythen oder auch Heiratsriten, wo wir immer wieder die Tatsache finden, daß sexuelle Befriedigung nicht dort gesucht wird, wo das allzu Vertraute vorherrscht.

Norbert Bischof erzählt eine in dem Zusammenhang interessante Geschichte, die von einem Ethnologen genauer erforscht wurde, nämlich von den Heiratsriten im alten

China: Da gibt es die sogenannte «große» und die «kleine» Hochzeit. Die kleine Hochzeit ist die Hochzeit für Leute, die sich nicht viel leisten können. Da wird die künftige Braut im Alter von einem Jahr in die Familie des Mannes aufgenommen, wird dort erzogen, und wenn die beiden jungen Leute sechzehn Jahre alt sind, werden sie verheiratet. Die große Hochzeit ist das, was üblicherweise in traditionellen Kulturen passiert: Es werden erwachsene Partner von den Eltern ausgewählt und verheiratet. Der Ethnologe berichtet, daß bei dieser sogenannten «kleinen Heirat» im Volk immer wieder darüber gespottet wird, daß diese beiden sexuell überhaupt nichts miteinander hätten, man müsse solche Paare aneinanderbinden, damit überhaupt irgend etwas passiert. Es hat sich auch ganz real gezeigt, daß die Fruchtbarkeit dieser «kleinen Heiraten» sehr viel geringer ist als die Fruchtbarkeit der Paare, die sich in der üblichen Weise als Erwachsene kennenlernen: Also ist das Zusammenleben, die Intimität der Ursprungsfamilie etwas, was die Sexualität dämpft, wenn nicht lähmt.

Natürlich gibt es beim Menschen immer Ausnahmen, natürlich gibt es den Inzest, natürlich gibt es auch Kulturen, wo eine bestimmte Form des Inzests sogar geboten war. Das sind aber tatsächlich Ausnahmen.

Es scheint, daß dort, wo Sexualität nicht hinausdrängt, das Neue und Erregende nicht sucht, wie es in der Pubertät der Fall sein sollte, vor allem das aggressive Element in der Sexualität fehlt, das sich in der Geborgenheit und Intimität schlecht entwickeln kann. Aggressivität, die jeder Sexualität innewohnen muß (im sexuellen Akt selbst steckt etwas von Aggressivität), braucht Distanz, ja sie ist Distanz. Es sieht so aus, als könne sich dort, wo die Sorge, die Pflege und das Intime der Ursprungsfamilie – Bischof nennt das den «primären Funktionskreis» – vorherrschen, Sexualität nicht so gut entwickeln.

Nun kommen wir zu einem Problem, das sich in der Ehe in besonders krasser Weise stellt: Was soll in der Ehe eigentlich entwickelt werden? Die Ehe wird natürlich nicht nur aus Gründen der Sexualität geschlossen, sondern auch aus einem Bedürfnis nach Intimität heraus, aus einem Bedürfnis, Geborgenheit zu finden, Alltag zu haben. Man heiratet zu einem gewissen Grad also auch, um das zu wiederholen, was man in seiner Ursprungsfamilie erfahren hat.

Gleichzeitig ist die Ehe aber eine Reproduktionsgemeinschaft und eine Liebesgemeinschaft inklusive Sexualität. Das heißt: Hier müssen Dinge vereint werden, die ganz offensichtlich schwer zu einen sind: symbiotische Geborgenheit, die der Sexualität eher lähmend entgegensteht, und andererseits eben volles sexuelles Glück, sexuelles Funktionieren, das eigentlich immer wieder das Neue und Erregende braucht.

Das Vertraute und das Erregende sollten also zusammenkommen, der primäre und der sekundäre Funktionskreis. Ich glaube, das ist der Kernpunkt der Schwierigkeiten in der Ehe.

Eines der Probleme, dem wir in der Eheberatung, in der Psychotherapie immer wieder begegnen: Sexualität in der Ehe sei irgendwie nicht das «richtige», Sexualität kann langweilig werden in der Ehe. Wie kann ich den Zauber der ersten erotischen Verliebtheit wieder beleben? Wie konnte der so schnell verschwinden?

Das Problem wird noch komplizierter, wenn wir uns die sehr unterschiedlichen Entwicklungen der Sexualität bei Mann und Frau ansehen. Wie können denn überhaupt zwei Leute je in der Ehe zusammenkommen, wenn es so viele Schwierigkeiten gibt? Die Schwierigkeiten scheinen ja so riesig und so unübersteigbar. Man wundert sich, daß überhaupt je Ehepaare miteinander sexuell glücklich sein können – was aber durchaus der Fall ist.

Beim Blick auf die Lebenswirklichkeit sehen wir ein bestimmtes Muster, das durchschlägt. Es ist eindeutig, daß es hier Trends gibt, daß Mann und Frau in ihrem sexuellen Verhalten innerhalb der Ehe unterschiedliche Gewichtungen haben. Immer wieder sehen wir, daß Frauen sehr bezogen auf ihren Partner leben, daß dieses «Prinzip Sorge», das Carol Gilligan herausgestellt hat – also Fürsorge für den anderen –, sehr wichtig ist und daß Frauen in ihrem sexuellen Verhalten eher mit dem vertraut Routinisierten zufrieden sind.

Umfrageergebnisse zeigen immer wieder, daß die Frauen sehr viel mehr Zufriedenheit äußern. Das sind aber sicher oberflächliche Antworten. Ich will das gleich relativieren. Was eigentlich dahinter steht: Das *Intime* ist ihnen wichtig! Die Trennung von Lust und Liebe ist bei Frauen oft nicht in derselben Weise gegeben wie bei Männern.

Es gibt das Muster der klammernden Frau, die ewig nicht loslassen kann, die aber mit Sexualität wenig im Sinn hat. Warum ist das so? Angefangen von der alten und sehr dubiosen Erklärung vom Penisneid und dem notwendigerweise daraus entstehenden Masochismus der Frau, die sich dem Mann unterwirft, gibt es inzwischen zahlreiche soziologische, feministische Theorien, mit denen sicher sehr viel

Richtiges ausgesagt wurde. Die zeigen, wie abhängig Frauen von Männern im sozialen und ökonomischen Bereich sind, und daß dieser sogenannte Masochismus durchaus als soziales Phänomen erklärbar ist.

Es gibt auch andere, eher körperbezogene Erklärungen. Zum Beispiel: daß Frauen ihren Körper nicht nur für Sexualität gebrauchen, sondern daß für sie viel wichtiger die Schwangerschaft ist, wo das Sorgende und Bergende im Vordergrund stehen.

Ein Ansatz, der viele dieser Aspekte vereint, ist der von Christiane Olivier. Olivier sagt, sie glaube, daß ein großer Teil dieses Phänomens – die Frau, die sich so sehr auf den Mann bezieht, im extremen Fall sich anklammert – darauf zurückzuführen ist, daß die Frau als Säugling und in ihrer Kindheit immerfort in weiblicher Pflege war. Daraus folgert sie, daß der Mann, der sich aus sozialen Gründen auf die Kinderstube nicht richtig einläßt, dem kleinen Mädchen auch nicht das Gefühl vermitteln kann, es sei ein «begehrtes Geschlecht».

Das ist metaphorisch zu verstehen. Die Mutter, die Frau, die ihre kleine Tochter pflegt, empfindet sie in ihrer Geschlechtlichkeit als «nichts Besonderes». Das ist verständlich, denn es ist ja das eigene Geschlecht. Dieser Wunsch, als Geschlechtswesen akzeptiert zu werden, «begehrt» zu werden in einem metaphorischen Sinn, wird in dieser prägsamen Kleinkindphase nie wirklich erfüllt.

Selbst in der ödipalen Phase ist der Vater derjenige, der sehr häufig abwesend ist, der dem kleinen Mädchen nicht die Möglichkeit gibt, sich als weiblich zu empfinden. Und das heißt wiederum – wenn wir vom Wiederholungszwang ausgehen –, daß solche unerfüllten Wünsche das weibliche Wesen begleiten. Und das zwingt später ein Mädchen in dem Moment, in dem es bemerkt, daß es nun als reifes Geschlechtswesen wirklich Begehren wecken kann, in einer ungesunden Weise, immer wieder von neuem, diese Bestätigungen als Frau und als Mensch überhaupt beim Mann zu suchen.

Das stehe im Gegensatz zur Sexualität des Mannes, sagt Christiane Olivier. Als Phänomen beschreibt sie (was wir auch als Therapeuten häufig sehen), daß der Mann eher mit Fluchttendenzen reagiert auf die Intimität der Beziehung, daß er in höherem Maße auch Außenbeziehungen sucht, daß er Angst vor der Liebesbindung hat, daß bei ihm die Aufspaltung von Lust und Liebe sehr viel stärker ist als bei der Frau. Die gesamte Prostitution beruht ja auf dieser berühmten Trennung von Mutter und Hure. Daher, sagt Christiane Olivier, müssen wir erklären, was beim kleinen Jungen passiert. Hier ist die Person, die ihm Liebe und Geborgenheit gibt, dieselbe Person, die ihn auch als Geschlechtswesen akzeptiert, die ihn als das *andere* Geschlecht bewundert und ihm Freude schenkt. Die Mutter ist aber nicht nur das Bergende, sondern auch das Verschlingende. Die Imago der Mutter hat immer beide Seiten: das Vertraute, Bergende, aber auch das Verschlingende, das nicht mehr losläßt, in das man hineinfällt und wovon man nicht mehr loskommt.

Und das ist, so Christiane Olivier, in dieser Situation, wo der relativ schwache Vater, der nicht anwesend ist, keine richtige Hilfe ist – daher auch kein Identifikationsobjekt –, einer der Gründe dafür, daß der Heranwachsende in dem Moment, in dem er mit dem *Weiblichen* als vollem Geschlechtswesen in Berührung kommt, immer wieder diese Angst vor dem Verschlungenwerden durch die Mutter, durch die gute, aber auch böse Mutter abwehren muß.

Das heißt nun, wir haben es mit einer doppelt schwierigen Situation zu tun, weil erstens Intimität und Sexualität überhaupt schwer miteinander zu denken sind und weil zweitens die Sexualität des Mannes und die Sexualität der Frau sich verschieden entwickeln, in anderen Formen auftreten. Die eine Seite vertritt oft ängstlich das Bindende Klammernde, die andere das Gegenteil. Man wundert sich, wie die beiden jemals zueinander finden sollen.

Es gibt ganz unterschiedliche Muster, in denen sich dieses Geschlechterproblem manifestiert, ich skizziere einige Beispiele:

«Sie» sagt, sie möchte mehr als Sex, «er» findet immer Ausreden. Bei näherem Zusehen allerdings merkt man, daß dieses «Ich möchte mehr als Sex» nicht aus einer wirklichen erotischen Bedürftigkeit, aus einer Erregtheit, aus einem Luststreben kommt, sondern als Wunsch geäußert wird, weil «er» bestätigen soll, daß «sie» anziehend ist, daß die Ehe noch immer intakt, daß alles in Ordnung ist. Das wiederum verweigert «er» in dem Bewußtsein: «Mit ‹ihr› ist es langweilig.»

Oder ein anderes Muster: «Er» möchte viel häufiger Sex als «sie», «sie» aber ist immer müde und hat Kopfweh. Wenn man genauer hinhört, sagt «sie», «sie» habe nichts gegen Sex, aber «er» sei zuwenig zärtlich, es gebe zuwenig Vorspiel, er sei allzu fordernd. «Er» möchte nicht eintauchen in den Kreis dessen, was ihn allzusehr an den Ort der mütterlichen Intimsphäre, an die Zärtlichkeit, an das, was in der Psychoanalyse Partialtriebe heißt, erinnert, sondern «er» möchte «puren

Sex», etwa das, was mit Prostituierten möglich ist und oft auch gewünscht wird. Erstaunlich ist: daß er mit anderen Frauen durchaus zärtlich ist, durchaus lange Vorspiele nicht verweigert, weil die andere Frau ja eben nicht so gefährdend ist wie die eigene Partnerin. Immer wieder sehen wir also, daß es Probleme gibt mit dieser engen Verflechtung von Intimität und Autonomie, von Vertrautem und Fremdem.

Zusammen mit Walter Hollstein habe ich eine Untersuchung gemacht über Paare, die schon längere Zeit zusammenlebten. Beim zentralen Thema Sexualität haben wir besonders aufmerksam danach geforscht, wie es denn Paare machen, die sexuell glücklich sind, die das Gefühl haben, ihre Ehe funktioniere eigentlich gut.

Die Tatsache, daß Männer und Frauen auch in einer intimen Partnerschaft zusammenkommen und dabei glücklich sein können, ist auch darauf zurückzuführen, daß – Gott sei Dank – nicht das eine Geschlecht *nur* für das Bindende, das andere *nur* für das Erregende steht, sondern daß wir auch mit der zweiten Sinnstruktur des Menschen, nämlich mit seinem Unbewußten, zu rechnen haben. Derjenige, der Intimität abwehrt, ist auch auf der Suche danach, und derjenige, der nur Intimität sucht und alles Fremde und Erregende fürchtet, fürchtet auch das, was er eigentlich haben möchte.

Gute Paare sind so aufeinander bezogen, daß der eine die Latenz des anderen leben und, wenn sie sich beide noch in Liebe verbunden wissen, einer den anderen auf seine Seite «mitziehen» kann. Wenn das nicht klappt, dann allerdings kommen wir zu sexuellen Eheproblemen, die nicht so ohne weiteres zu lösen sind.

Fragen wir Paare, was eigentlich ihre Möglichkeiten sind, sexuell glücklich zu sein, finden wir immer wieder etwas, das man auf den Nenner bringen kann: Innovation. Diese Paare versuchen nämlich, in ihre Intimität etwas Fremdes einzuführen. Sie verfremden Sexualität. Sie haben einerseits natürlich eine Routine im Körperlichen, sie kennen einander. Andererseits sind es durchaus glückliche Paare, die das können. Es ist aber auch eine Kunst. Sie sind bereit, das Fremde zuzulassen – konkret zum Beispiel: Sex an fremden Orten, zu ungewöhnlichen Zeiten. Es kann in der heutigen Zeit natürlich auch heißen: sexuelles Handeln nach Vorbildern (Filmen) oder Anleitungen (Bücher), die zeigen, wie's auch anders geht.

Aber es gibt auch andere Verfremdungsmechanismen. Nicht alle sind konstruktiv. Einer der bekanntesten Verfremdungsmechanismen ist die Untreue. Das klingt merkwürdig, es gilt meist auch nur für die erste Phase der Entdeckung der Untreue. Die Entdeckung, daß der andere einen anderen Sexualpartner hat, daß er diese Sphäre mit einem anderen teilt, kann dieser Verfremdung Vorschub leisten und Sexualität sogar für einige Zeit besser funktionieren lassen. Immer wieder hören wir, ein Seitensprung könne die Ehe retten. Doch die negativen Konsequenzen, die Destruktionen sind bei den meisten Paaren so groß und auch die Gekränktheit, daß dadurch die Ehe nicht gerettet wird.

Für einige Zeit aber kann eine solche Untreue eben jenes Moment des erregend Neuen hineinbringen. Der andere wird nun in einer anderen Beziehung «phantasiert». Und die Phantasie vom Geschlechtsverkehr des anderen mit einer dritten Person – solche Phantasien stellen sich unweigerlich ein – verfremdet das eigene Erleben. «Wie ist es denn mit der anderen? Was macht denn der andere?» Diese Phantasien sind es, die das Fremde und Neue in routinisierte Ehebeziehungen hineinbringen.

Etwas Verfremdendes, aber weniger Verfängliches sind der Streit und die Versöhnung nach dem Streit, weil eben ein Streit, eine Auseinandersetzung ein Auseinandergehen, also ein Fremdsein mit sich bringt. Und schon kann der andere wieder sexuell attraktiv werden, eine erotische Begierde kann aufflammen.

Es gibt auch Verfremdungen, die auf Außenstehende unbegreiflich, ja lächerlich wirken. Man kann sich anregen lassen durch Videopornos, durch Gummi, Leder, Ketten, Peitschen, Pelz, Windeln, Tanz, Musik oder durch irgendwelche anderen Merkwürdigkeiten, die eigentlich nur für das Paar bestimmt sind und die das Paar anderen gar nicht mitteilen sollte. Hauptsache, wenn man für sich etwas spürt von diesem Neuen, Erregenden und Fremden, das in der Sexualität immer wieder aufbricht.

Die sexuelle Gratwanderung in der intimen Partnerschaft verläuft zwischen den Gefahren einer rein funktionalen Routine – Martin Luthers berühmtes «In der Woche zwier (= zweimal) schadet weder dir noch mir», also ein hygienischer Ratschlag – und der Abwehr dieser Routine, indem das Traumbild der erregend fremden Sexualität die partnerschaftliche Sexualität mehr oder weniger verhindert. Es gibt nicht wenige Paare, die schon nach wenigen Jahren asexuell nebeneinander herleben. Wo aber die Intimität der körperlichen Routine, des Einanderkennens, auch im Körperlichen sich verbindet mit der Kunst der Verfremdung, dort kann auch eheliche Sexualität immer wieder zu einem erotischen Fest werden.

Partner, denen das ab und zu gelingt – und das kann nur ab und zu gelingen –, haben gute Chancen. Was ihnen die Kraft dazu gibt, das nennen wir Liebe.

Von der Familie
zur Urhorde

Sigmund Freud hat in einer etwas gewagten Metapher die ödipale Konstellation aus ihren prähistorischen Wurzeln heraus erklärt: Ursprünglich, so meinte er, gab es den großen Urvater, dem alle Frauen der Familie gehörten. Die darob erbosten Söhne rotteten sich zusammen und brachten den Vater um, damit auch sie sich nun an den Frauen gütlich tun konnten. Seither beherrscht diese mörderische Bande aber ein schlechtes Gewissen für alle Zeiten: Dieses versagt es den Söhnen, die begehrten Frauen des Vaters zu konsumieren; sie sind von Reue und Schuldgefühlen gepackt, das Inzestverbot ist geboren. Sie müssen sich Frauen außerhalb suchen, aber die Frauen des Vaters werden doch immer wieder die begehrtesten bleiben.

Mord und Totschlag am Beginn. Schlechtes Gewissen für alle Generationen. Ambivalenzen in jeder Konstellation der Familie. Daß in diesem Modell die Frauen nichts als Konsumgut sind, wollen wir nicht näher beleuchten oder vielleicht sogar auf die Aggressionen Freuds gegenüber Frauen zurückführen. Der Professor war eben nicht immer Wissenschaftler, sein altväterisches Frauenbild spielt, wie wir wissen, immer wieder ganz unwissenschaftlich mit hinein in sein Denken.

Moderner ethnologischer Forschung hält dieses Modell Freuds nicht stand. Er war ja ein großer Symboliker. Vielleicht hat er auch seinen Mythos von der Urhorde nur symbolisch gemeint? Als ein Symbol steht die Geschichte von der Urhorde für sehr viele Strebungen innerhalb der Familie, die wir tagtäglich beobachten können. Nur so können wir der abstrusen Konstruktion tiefere Bedeutung geben.

Was man unter «Gewalt» in der Familie zu verstehen hat, ist historisch variabel. Der Leitsatz der berüchtigten Schwarzen Pädagogik lautet: «Wer seine Rute schont, der haßt seinen Sohn; wer ihn aber liebhat, der züchtigt ihn bald» (Die Sprüche Salomos 13,24), und natürlich galt dies Jahrtausende lang keineswegs als grausam, sondern als berechtigt und normal. Thomas Gordon, ein humanistischer Psychologe der siebziger Jahre, hingegen sagt, «daß man den Beweis erbringen kann, daß in der Kindererziehung ein für allemal auf jede Bestrafung, nicht nur die körperliche Züchtigung, verzichtet werden kann». Was er in seinem damals sehr bekannten Buch «Familienkonferenz» als gewaltsame Intervention begriffen hat, liest sich etwa so: «Wenn du nicht aufhörst zu trommeln, werde ich böse», «Sei nicht traurig, es wird alles gut werden», «Hast du dir die Hände gewaschen, wie ich es dir gesagt habe?» Dies alles, so erklärt er, sind subtile verbal-aggressive Erziehungsmaßnahmen, da sie alle sich nicht mit den Bedürfnissen des Kindes oder mit seinen Absichten befassen, sondern nur von der Erzieherperson her denken. In diesem Sinn ist sogar das doch recht freundlich klingende «Sei nicht traurig» eine Art von Taktlosigkeit, weil eben jedes Kind ein Recht auf seine Traurigkeit hat.

Nun, das können wir als durchschnittliche Eltern mit ihren nur durchschnittlichen Ressourcen an Frustrationstoleranz natürlich belächeln. Es soll aber doch darauf aufmerksam machen, mit welch unterschiedlichen Vorstellungen von Erziehung wir es im Laufe der Zeit immer wieder zu tun kriegen. Sie sind geleitet von jeweils unterschiedlichen Vorstellungen davon, was das Kind, dieses fremdartige Wesen, eigentlich darstellt. Ich streife nur ein paar der vielen Konzepte, die es im Laufe der modernen europäischen Geschichte gegeben hat. Das Kind ist ein «Sünder», so sagen viele Pädagogen des 17. und 18. Jahrhunderts. Lasterhaftigkeit und schlechte Instinkte sind ihm angeboren, sie müssen ausgemerzt werden. René Descartes bedauert es sehr, daß die Kinder in solcher «Dummheit» leben. Ihre jahrelang währende geistige Umnachtung wirke sich auch noch auf das Erwachsenenleben aus. Sie kommen viel zu spät zur Erkenntnis. Frühzeitiges Lernen kann dem ein wenig vorbeugen.

Daß Kinder kleine Maschinen sind, die man immer besser einstellen muß, oder kleine Tiere, die dressiert gehören: All dies ist immer wieder einmal behauptet worden. Große Angst besteht während langer Perioden vor der Verwöhnung. Der spanische Humanist Juan Luis de Vives (1492–1540) fürchtet diese sogar während der Stillzeiten: Die Mütter, so sagt er, «verderben ihre Kinder, wenn sie sie mit Wollust stillen». Dementsprechend ist die Gewalt gegen Kinder nichts besonders Tadelnswertes. Daß die «Mutterliebe» kein ubiquitäres Phänomen ist, hat uns die französische Sozialphilosophin Elisabeth Badinter gezeigt. Noch im 17. Jahrhundert werden viele Kinder auch dann in Pflege gegeben, wenn man damit ihren Tod riskiert. Die Mütter werden als mithelfende Familienangehörige im Handwerksbetrieb gebraucht und sollen in manchen Schichten und vor allem in der Stadt nicht allzu lange von der Arbeit abgehalten werden. Diesem Anspruch werden Kinder ohne weiteres geopfert.

Es ist ein sehr langer Weg von dieser Art von Familienverhalten bis zu den übertrieben vorsichtig formulierten Warnungen Gordons, man möge Kinder um Gottes willen nicht tadeln, weil sie sonst ihre Selbstsicherheit verlören.

Das Kind wird Ende des 18. Jahrhunderts im Gefolge der Aufklärungsphilosophie und der Rousseauschen Ideen als ein zartes andersartiges Wesen konzipiert. In manch romantischer Verklärung (die wir auch in der Humanistischen Psychologie immer wieder entdecken können) wird es gar zum kleinen Englein verklärt. Es muß gehegt und gepflegt, in seiner Eigenart verstanden werden. Der Gedanke an einen möglichst gesunden und psychisch stabilen Nachwuchs bekommt durch den erstarkenden Kapitalismus mit seinem Bedarf an Arbeitskraft auch noch Auftrieb. Es wird also sowohl ein ökonomisches als auch ein moralisches Postulat, dafür zu sorgen, daß die Kinder eine kindgerechte Erziehung erhalten und in einer – jeweils zu dosierenden – Mischung aus Liebe und Strenge innerlich und äußerlich erstarken können.

Der moralischen Forderung wird am Beginn des 20. Jahrhunderts, vorwiegend durch die Psychoanalyse, eine medizinische angefügt: Ein falsch erzogenes Kind wird krank. Es braucht eine gute Portion Empathie, um Kinder so zu erziehen, daß sie nicht neurotisch werden. Die «gute Mutter», so definiert es Donald Woods Winnicott, hat «die Fähigkeit, sich den Bedürfnissen des Kindes anzupassen, in der psychologischen Verlängerung der intrauterinen biologischen Beziehung um einige Wochen nach der Geburt». Diesem ersten Zeitpunkt für das Auftreten mütterlicher Einfühlung in ihr Kind wird im Laufe der frühkindlichen Entwicklung immer mehr Bedeutung zugemessen. Die modernen Objektbeziehungstheoretiker und Säuglingsforscher, in letzter Zeit auch die Pränatalforscher, gehen immer weiter zurück, um Störungen in der Entwicklung fassen zu können.

Alle diese Theorien sind natürlich verbunden mit der modernen Vorstellung nicht nur vom Wert des Individuums, sondern auch von seiner Fragilität. Die Schwierigkeit der Identitatskonstituierung wird zuruckverfolgt in die Kindheit. Es werden sehr viele Quellen ausfindig gemacht, die die Identitätsfindung stören können. In ganz besonderer Weise trifft dies auf die Beziehungsfähigkeit zu. Unsere unempathischen Verhaltensweisen, so die Angst, könnten das ganze Leben beeinflussen, das Kind könne schon durch geringere Übel, wozu die berühmte Klage zählt, man sei nur um seiner Leistungen willen geliebt worden, fürs Leben gezeichnet werden und sei dann nicht mehr imstande, die Beziehungen zu seinen Mitmenschen glücklich zu gestalten. Die große Angst vor Übergriffen (sexuellen und anderen) ist von einer Reihe von Autoren und Autorinnen schon als neue Hysterie bezeichnet worden. Ich begreife die ganze Diskussion (neben realen Tatsachen, die darin auch gespiegelt werden) als Ausdruck der Angst um dieses zerbrechliche Wesen Kind, das eben schon durch relativ geringfügige Einwirkungen ge- und zerstört werden kann.

Einem Kind «Gewalt antun» kann vielerlei heißen. In der Tradition der Humanistischen Psychologie sowie in der Narzißmusdebatte wird jede Maßnahme, die geeignet ist, das Kind in der Wahrnehmung seiner eigenen Bedürfnisse und Gefühle zu verunsichern, sie ihm «wegzunehmen», auszureden oder umzudeuten, als gewaltsam angesehen. Man will das Kind damit, so wird argumentiert, entweder zu einem Doppelgänger der eigenen Person machen oder zu dem Ideal, das man selbst nicht erreichen konnte. Und das, so lautet das Diktum, ist sublime Gewalt.

All dies wird zwar auch von Psychoanalytikern mitgetragen, entspricht aber nicht genau den Intentionen Freuds. Diskussionen innerhalb der Psychoanalyse drehen sich immer wieder um diesen Punkt: Ist das reale Verhalten der Erziehungspersonen wirklich so wichtig, wie manche meinen? Ist das Kind wirklich so leicht beeinflußbar? Müssen wir nicht damit rechnen, daß es eine natürliche Wurzel von Gewalt und Durchsetzungswillen gibt, die das Phantasieleben des Kindes beherrscht und sich immer wieder bemerkbar macht, egal, was wir mit unseren empathischen Erziehungsmethoden wollen? (Melanie Klein)

Freud selbst hat nicht viel von Prävention gehalten. Naiverweise nahm er an, daß in der Kinderstube seiner bürgerlichen Patienten mehr oder weniger schon das Richtige getan wird. Es sind vor allem die gewaltsamen Bedürfnisse des Kindes, die den Prozeß der Persönlichkeitsentwicklung mitformen. Wenn wir zum Beispiel die Fallgeschichte vom Wolfsmann lesen, dann wird klar, daß nur auf dem Boden einer spezifischen Konstitution und eines regen Phantasielebens sich infolge relativ harmloser Kindheitserlebnisse eine solch schwere Neurose entwickeln konnte. Aufgenommen wird dies von Analytikern wie Otto F. Kernberg, der bei Borderline-Patienten von angeborener «oraler Aggression», in neuerer Zeit von «besonderer Affektorganisation» spricht. Die Erstarkung der Position Melanie Kleins in manchen Teilen der Psychoanalytikergemeinde ist auch hierher zu rechnen.

Dahinter steht Freuds Bild vom Menschen als einem prinzipiell Konflikthaften, einem, der zwischen Aggression, egoistischer Libido und den Kräften der Gesellschaft hin- und hergerissen wird. Auch wenn wir uns einfühlen können in seine mörderischen Aggressionen: Sie müssen unterdrückt werden.

Das Menschenbild der Humanistischen Psychologen ist ganz anders: Der Mensch ist im Prinzip gut, das Böse kommt von außen in ihn hinein – es ist ganz stark bedingt durch die «gewaltsame» unempathische Erziehung, die das feine innere Fühlen des Kindes mißachtet. Bei Freud sind Kinder wilde kleine Wesen, schwankend zwischen Liebe und Wut. Bei den Humanistischen Psychologen sind Kinder lieblich lächelnde Wesen, die sich fröhlich ihrer Umwelt zuwenden, wenn man sie nur gewähren läßt.

Daß Familien sich nach allen Richtungen hin geändert haben, ist keine Neuigkeit mehr. Die Kern- oder Kleinfamilie – ein Paar und seine leiblichen Kinder – wird seit Jahrzehnten «hinterfragt», diffamiert, ja verurteilt (sogar zum Tode, wie es David Cooper 1972 mit seinem weltweit verbreiteten Buch «Der Tod der Familie. Ein Plädoyer für eine radikale Veränderung» getan hat), so daß die einzelnen Kleinfamilienmitglieder selbst oft gar nicht mehr so viel davon halten. Das Gespenst der Scheidung (das oft bei jedem Zwist auftaucht) schwebt über vielen Familien. Die Vermittlung der Werte geschieht längst nicht mehr nur innerhalb der Familie, sondern kunterbunt in sehr unterschiedlichen Milieus. Die Wertordnung der Eltern, sofern sie denn eine solche in sich einigermaßen konsistente Ordnung haben, kann ohne weiteres unterwandert und, wenngleich nicht ganz verworfen, so doch verdreht werden.

Alternativen zur Familie bieten sich an. In einer Situation der Normunsicherheit erscheint – dies ist ein Thema seit der Romantik – das eigene Innere als ein Fluchtort, an dem Sicherheit zu finden ist. Johann Gottfried Herder (1744–1803) drückte dies so aus: «Jeder Mensch hat ein eignes Maas, gleichsam eine eigne Stimmung aller sinnlichen Gefühle zu einander.»

Wir sind also darauf angewiesen, uns zu vergewissern, wer wir sind und was wir wollen. Und dies drückt sich natürlich auch in den diversen Erziehungsvorschlägen aus: dem Kind den Einblick ins eigene Innere zu ermöglichen, seine Bedürfnisse ernst zu nehmen. Wir leben in einer Zeit, in der das Thema Authentizität wichtig geworden ist. Nur dann, wenn wir authentisch uns selbst erkennen, gibt es Regeln des Verhaltens. Daß diese Authentizität einem unendlichen Rekurs unterworfen ist, macht uns immer wieder neu zu schaffen. Was wir heute als «ganz und gar authentisch, zu uns selbst gehörig» erfahren haben, kann sich morgen als ein fremdes Introjekt erweisen. Wir sind in der Position des Hysterikers, der nie ganz genau weiß, womit er sich gerade identifiziert hat. Nicht umsonst wurde ja von einigen Soziologen unserem Zeitalter das Adjektiv «narzißtisch-hyste-risch» verpaßt. Dazu kommt: wir leben, wie der Sozialphi-losoph Charles Taylor es ausdrückt, in einer Beziehungsge-sellschaft. Das heißt: wir sind mehr als andere Generationen darauf angewiesen, uns durch andere unserer Identität zu vergewissern. Wo der Blick ins eigene Innere nicht ausreicht, bleibt noch die Hoffnung auf den anderen als den, der mir meine Identität bestätigt, mich als einen wahrnimmt, der ist, wie er ist. Rollenverankerungen und gesellschaftliche Nor-men können dies nur noch in geringem Maße tun. Was bleibt, ist «der Andere». Natürlich ist dieser «Andere», ganz besonders der intime, «signifikante Andere», wichtig, also derjenige, mit dem ich familiär zusammenlebe.

Dies alles macht die oft analysierte Gefühlshaftigkeit der modernen Familie aus: die Tatsache, daß der Zusammenhalt vor allem durch Gefühle vermittelt wird und nicht durch ob-jektive Faktoren wie Erwerb und gültige Normen. Die Ge-fühlsbedingtheit der modernen Familie erschwert deren Zu-sammenhalt und macht gleichzeitig ein lockeres Verhältnis zur Familie unmöglich. Die Ablösungskonflikte in der mo-dernen Familie wiegen daher besonders schwer.

Wir stecken also in einem unauflöslichen Dilemma: Nie haben wir die Intimität des Zusammenlebens nötiger gehabt als heute, und nie war es schwieriger, diese Intimität zu ge-währleisten. Zusammenbrüche des Familien- und Erzie-hungssystems sind die Folge.

Ob es die forcierten Bemühungen um Empathie sind oder die Umdeutungen und Direktiven der systemischen Familien-therapeuten: Immer wieder entdeckt man, daß dabei die von

Freud in seiner symbolischen Urhorde-Erzählung dargestellte Realität der Gewalt nicht in Betracht gezogen wird. Dies betrifft übrigens auch eine allzusehr von der Narzißmustheorie angekränkelte Psychoanalyse, die nur noch das schädigende Trauma kennt und nicht mehr die prinzipielle Aggressionsbereitschaft des Menschen.

Ich meine dies so: Erziehungs- und Therapiebemühungen verfehlen ihr Ziel immer wieder, wenn wir uns nicht klarmachen können, welche Positionen an Gewalt in den Familien vertreten sind und sein müssen – nicht nur als etwas, was wir ausmerzen sollten, sondern als etwas, was wir akzeptieren und bestenfalls sublimieren können. Ob Freud mit seinem mythischen Bild wirklich ein überkulturelles Muster getroffen hat oder ob es nur die bürgerliche Familie des 19. und 20. Jahrhunderts trifft, vermag ich nicht zu entscheiden. Jedenfalls aber zeigt es wichtige Determinanten auf: die Ambiguität von Liebe und Haß in der Beziehung zwischen Kindern und Eltern, mörderische Wut, Neid und Konkurrenz. Wir wissen ja, was mit Verleugnetem und Verdrängtem geschieht: Es ist nicht etwa weg, sondern kehrt als Krankheitssymptom oder als Charakterverbiegung wieder. Noch soviel Empathie kann dies nicht tilgen, wenn wir nicht von der *prinzipiellen* Aggressionsbereitschaft der Menschen ausgehen. Machen wir uns also nichts vor: Die moderne Familie ist wie eh und je auch immer eine gewalttätige Horde. Eltern beneiden ihre Kinder, Kinder hassen ihre Eltern, Geschwister wollen einander im Traum töten: Das sind die Realitäten der Basisgefühle, die wir mühsam sozialisieren. Dies zu leugnen und zu überspielen scheint unnütze Energieverschwendung. Noch immer bin ich der Meinung, daß Aufklärung und Einsicht in diesen Tatbestand wichtig sind, wenn wir die destruktiven Konsequenzen der immer wieder entstehenden Aggression mildern wollen.

Ich habe dafür keine Rezepte. Gewalt, wir erfahren es leider täglich im Großen wie im Kleinen, kann jederzeit und überall ausbrechen. Sie ist allen unseren Handlungen inhärent, weil Aggressivität nun einmal eine anthropologische Konstante ist. Sie wird aber sicher nicht geringer, wenn wir uns ihrer nicht bewußt sind. Niemand kann uns von der Last befreien, die die Urhorde auf sich geladen und uns vererbt hat. In der christlichen Tradition nennt man es «Erbsünde». In Christus allerdings, so wird gelehrt und geglaubt, sei uns der Erlöser geboren, der die Erbschuld von uns nimmt. Aber auch dieser tröstliche Glaube konnte nicht verhindern, daß gerade christliche Gemeinschaften immer wieder wilde, barbarische Aggressionen ausgelebt haben. Vielleicht ist es doch realistischer, bei dem Mythos von der zwieträchtigen Urhorde mit ihrem ewigen Schuldgefühl zu bleiben.

Das leere Paradies:
die Mutter-Tochter-Beziehung
in Hinblick auf die Nazizeit

Nach Auschwitz muß man anders über das Menschengeschlecht nachdenken als vorher. Die Bösartigkeit von Menschen, die andere entwerten, beschimpfen, foltern, töten, wurde in einer unmöglich vorauszuahnenden Art und Weise durch Auschwitz übertroffen. Wir können – dies ist den meisten Nachdenklichen inzwischen klargeworden – dieses Geschehen nicht abschieben auf die Psychopathie Hitlers und seiner Getreuen, obwohl sie sicher auch mitgewirkt hat. Was aber sollen wir mit dem Furchtbaren anfangen? In religiös anmutenden Schuldbekenntnissen die Tiefe unserer menschlichen Schlechtigkeit – «böse von Jugend auf» heißt es in der Bibel (1. Buch Mose, Kap. 8, Vers 21) – anklagen? Oder: uns davon absetzen, weil uns ja die «Gnade der späten Geburt» zuteil wurde? Das sind Mechanismen, die uns allzuleicht ungeschoren davonkommen lassen: auch uns als Töchter, uns als Mütter.

Von Freud habe ich gelernt, die Tiefen und die Höhen menschlichen Erlebens und Verhaltens nüchtern zu betrachten. Die «Banalität des Bösen» ★ ist für eine Psychoanalytike-

---

★ «A Report on the Banality of Evil» lautet der Untertitel des Buchs «Eichmann in Jerusalem» von Hannah Arendt, das 1963 erschienen ist.

rin der adäquate Zugang auch zum Phänomen Auschwitz sowie zu allen damit zusammenhängenden Einstellungen, Haltungen, Werturteilen. Manche davon kommen in Verkleidung daher, zum Beispiel als Philosemitismus.

Ich will der Banalität des Bösen in einem besonderen Strang nachgehen: in der Struktur der Mutter-Tochter-Beziehung. Auch sie bietet Einblicke in die Entstehung jener Mischung aus Anpassungsfreude, Intoleranz gegen Andersartiges und Abschottung gegen unbequem Neues (auch gegen unbequem neue Gedanken), die dem Phänomen Auschwitz vorangehen.

Die deutsche Ausgabe hielt sich eng an das Original: «Ein Bericht von der Banalität des Bösen». Dazu schreibt der israelische Historiker Tom Segev in seinem Buch «Die Soldaten des Bösen. Zur Geschichte der KZ-Kommandanten» (1988; deutsche Ausgabe 1992): «Eine Zeitlang war dieser Begriff – die Banalität des Bösen – eine Art Zauberformel, Ausdruck einer ausgesprochen pessimistischen – und darüber hinaus sehr modischen – Auffassung von der menschlichen Natur mit dem Tenor, ‹wir sind alle potentielle Eichmanns›. Ich habe mich mit Hannah Arendt in New York mehr als einmal darüber unterhalten.» Sie wollte mit ihrer Formulierung nicht etwa die Allgegenwart des Bösen überall und immer beschreiben, was wiederum auch nur eine banale Aussage gewesen wäre nach dem oben zitierten biblischen Muster «böse von Jugend auf». Arendt ging es um die Entlarvung der ethisch komfortablen Dämonisierung der Nazitäter als «Bestien», «Monster», «Psychopathen», «Teufel». An Eichmann wollte sie demonstrieren, wie in totalitären Diktaturen mausgraue Durchschnittstypen zu korrekt funktionierenden Massenmördern werden können. «Hannah Arendt», schreibt Segev (S. 260), «gefiel die weite Verbreitung, die der Untertitel ihres Buches fand, ganz und gar nicht; würde sie es noch einmal schreiben, so vertraute sie mir an, sie würde diese Wörter nicht mehr benutzen.»

Ich beginne mit dem, was herkömmlicherweise als etwas sehr Schönes angesehen wird: mit dem Kind an der Mutterbrust.

Die symbiotisch beglückende Einheit der Mutter-Kind-Beziehung ist als Archetyp eingegangen in die Lieder, Tänze und Bildwerke aller Völker. Daß diese Einheit auch wirklich beglückend für beide Teile sei, wurde auch schon in vorpsychologischer Zeit als eine wichtige Bedingung für das Gedeihen des Kindes angesehen. Psychologen haben dies in allen Nuancen bestätigt: Urvertrauen werde da gebildet, ein fester Kern an Selbstwertgefühl entwickle sich, einem intakten Körper-Ich werde der Grund gelegt.

Der Traum vom Paradiesesglück dieses Einsseins durchzieht auch im weiteren Leben alle Phantasien: als Trauer um den Verlust oder als utopische Sehnsucht. Meist ist es beides zugleich. Der holde Schein allerdings trügt vom ersten Moment an. Haben Psychoanalytiker auch anfangs noch geglaubt, das Säuglings-Menschenkind sei in seiner autoerotischen Phase, sich selbst Vollkommenheit vorhalluzinierend, eine in sich ruhende und bei Stillung aller Bedürfnisse vollkommen glückliche Monade, so haben Zweifel daran bald eingesetzt. Melanie Klein, die große Kindertherapeutin, war die erste, die Stürme von Verzweiflung und Trauer und eine ungemein lebhafte innere Aktivität, mit diesen Regungen fertig zu werden, schon in den allerersten Lebenswochen annahm. Beobachtungen haben es erhärtet: von Anfang an ist nicht der glückliche Säugling allein da, umhegt von seiner Mutter, sondern immer gleich die Mutter-Kind-Dyade, die sich ihr Funktionieren erst erarbeiten muß. Das selig an der Mutterbrust ruhende Kind erreicht diesen Zustand durch

Aktivität, wobei auch seine Mutter gekonnt mithilft, daß dieser delikate Zustand nicht allzu oft gestört wird.

Der Einbruch in dieses zweisame Glück droht also von Anfang an, ist nie ganz zu vermeiden. Um so größer aber ist die Sehnsucht nach der punktuell erreichbaren Symbiose. Die gesamte Entwicklung könnte man unter diesem Gesichtspunkt sehen: als einen dauernden Kampf zwischen dem Bestreben «zurück zur Mutter» und dem Drang, sich daraus zu befreien.

Ohne diesen Kampf aber wäre Entwicklung gestört. Man kann es noch präziser sehen und konzipieren: von Anfang an steht ein Drittes zwischen Mutter und Kind und muß dazwischen stehen. Es sind dies vorerst alle Zustände und Situationen, in denen die Mutter vom Vater «gehalten» wird, in denen der Vater als «zweite Mutter» fungiert oder in denen er als der «ganz Andere» auftritt; später bedeutet er ganz bewußt das «andere Geschlecht».

Der Vater, der also unter dem Aspekt der Mutter-Kind-Symbiose das Dritte, das Element des «Fremden» symbolisiert, erweitert die Erkenntnismöglichkeiten. In der Dyade mit der Mutter geht es um Versenkung, Geborgenheit, Stimmung. Dort, wo der Dritte (oder ein Drittes) dazukommt, entstehen Perspektive und Spannung. Der Blick des Kindes muß nun vom einen zum anderen gehen, muß vergleichen, Ähnliches und Unähnliches feststellen. Es sieht die beiden von außerhalb, Perspektive spielt sich ein. Das Kind introjiziert aber auch das Gesehenwerden als Teil einer Dyade durch den Dritten oder als Einzelnes durch das Paar. Dadurch werden kognitive und emotionale Funktionen angeregt. Das wiederholt sich auf vielen Ebenen und auf allen

Entwicklungsstufen. Der reale Vater kann ersetzt werden durch andere «Dritte» oder durch «das Andere» der Kultur, der Gesellschaft, mit einem Wort, durch das, was der Symbiose entgegengesetzt ist, zum Beispiel durch die Reflexion der Beziehung. Das Fehlen des Vaters oder seine nur vage Anwesenheit, wie Alexander Mitscherlich es in seinem Buch «Auf dem Weg zur vaterlosen Gesellschaft» beschrieb, hat demnach schwerwiegende Konsequenzen.

Bleibt der «Dritte» nur diffus präsent, wird die Symbiose des Kindes mit der schützenden, nährenden Mutter immer wieder vorherrschendes Muster. In der Dyade gibt es die spannungslosen Wiederholungen, die Zyklen des Ewiggleichen. Erst das Fremde, das erregend «Andere» bringt auf allen Ebenen Entwicklungsanstöße. Der Vater aber hätte die Funktion, das Kind der Symbiose mit der Mutter zu entreißen und es zu Neuem zu ermutigen.

Die wichtigste Entwicklungsaufgabe des Kindes besteht daher in der Überwindung der Dyade mit der Mutter zwischen dem vierten und fünften Lebensjahr. Freud hat mit seiner Metapher von der ödipalen Triangulierung darauf hingewiesen, daß die Mutter-Kind-Einheit durch das Dazwischentreten des Dritten (symbolisiert durch den Vater und begünstigt durch die erste sexuell-genitale Erlebensmöglichkeit des Kindes) aufgebrochen wird, wodurch ein «Mehr an Welt» ermöglicht wird. Symbiose bedeutet immer auch einen Verlust an Identität; die Begegnung mit dem Fremden birgt die Möglichkeit konturierter Ich-Werdung.

Die ödipale Phase hat nun aber Vorreiter-Funktion für die Adoleszenz. In der Pubertät nämlich gibt es eine ähnliche Entwicklungsaufgabe zu erledigen. Es muß aus dem Familiären insgesamt herausgetreten werden. Das «Fremde» ist die anzueignende Kultur mit der ihr inhärenten Aufgabe der Weiterentwicklung, so wie es in nichttraditionalen Gesellschaften nötig ist.

In welcher Weise aber kann die Pubertät der Mädchen – und damit ihre ganze weitere Entwicklung – gestört werden, wenn wir davon ausgehen, daß die Auflösung der Symbiose ein zentrales Element dieser Entwicklung ist? Ich erinnere an die Thesen von Christiane Olivier zur besonderen Situation der Frau in der bürgerlichen Familie: Das Mädchen wird in der Kinderstube geliebt, aber nicht begehrt. Das heißt: Das eigene Geschlecht ist nichts Wertvolles. Das kleine Mädchen fühlt sich irgendwie «nicht richtig». Der ausgleichende Vater fehlt. Beim Jungen ist das Fehlen des Vaters gleichbedeutend mit einem «zu sehr begehrt und geliebt zu sein», das heißt: die verschlingende Mutter wird allzu gefährlich, der heranwachsende Sohn flieht die Symbiose immer wieder: in die Sachlichkeit, in die innere Einsamkeit, später oft in die Promiskuität. Die vorherrschende Beziehungsstörung beim Mann ist häufig die allzu energische Abgrenzung. Die typische Beziehungsstörung bei der Frau ist das Klammern. Denn: Sie braucht den Mann sehr viel mehr zur Bestätigung ihrer Weiblichkeit als umgekehrt. Der Sohn wußte immer schon, daß sein Geschlecht ein begehrenswertes ist. Die weibliche Person erfährt erst in der Pubertät, daß sie Frau ist, sie kann die natürliche Geschlechtssicherheit nicht nachholen, das ist eine der Quellen der «typisch weiblichen» Haltungen dem Mann gegenüber, die von der Pubertät an das Mädchen dem Mann gegenüber in einen gesellschaftlichen Nachteil bringt.

Beim Jungen dagegen wird, wenn der Vater nicht hilft, die Angst vor dem Weiblichen sehr groß, er flieht, fürchtet und verachtet die Frauen, wird aggressiv und kompensiert seine Angst durch Großtun. Er flieht die Frauen innerlich (nicht äußerlich, natürlich) und identifiziert sich mit dem ebenfalls flüchtigen Vater.

Mädchen werden nicht durch das sexuelle Begehren geängstigt. Bei ihnen geschieht, bleibt der Vater aus, das Gegenteil. Sie bleiben als zwar geliebte, aber nicht begehrte «Objekte» der Mutter erhalten und identifizieren sich mit dem, was sie darstellt.

Diese Unfähigkeit, die Familiensphäre zu verlassen (damit ist vor allem die innere Unfähigkeit gemeint), die bei Mädchen besonders groß ist, verhindert – so meine These – maßgeblich die aktive Teilnahme der Frauen an gesellschaftlich weiterführenden Prozessen. Sie verfehlen häufig die «Aufgaben der Pubertät», weil sie noch mehr als Knaben im Nur-Familiären haften bleiben. Wenn dieses Familiäre, das an sich schon konservierend wirkt, auch noch der Erfahrung des Fremden und des Begehrenden in der Person des Vaters ermangelt, dann allerdings überwiegt die Symbiose mit der Mutter so sehr, daß vor allem dem Mädchen Phantasien von Veränderung schwerfallen. Das Mütterliche dominiert in hohem Maße, was sich auch in modernen psychoanalytischen Theorien widerspiegelt. Die Macht der Frau als Mutter: das ist ein großes Thema von Literatur und Theorienbildung seit Urzeiten: Medea, Jokaste, Niobe ...: In der Psychoanalyse entwickelte sich eben in jener Zeit, in der Alexander Mitscherlichs Buch von der kommenden vaterlosen Gesellschaft entstand, also um das Jahr 1960, die Theorie der sogenannten Objektbeziehungstheoretiker weiter – eine Theorie, die vor allem die Mutter-Kind-Dyade zu erfassen sucht. Auch die Narzißmustheorie macht klar, wie wichtig die Bestätigung durch die Mutter ist. Die Widerspiegelung durch den «Glanz im Auge der Mutter» – Heinz Kohuts berühmtes Wort – ist ausschlaggebend.

Wir haben es also immer wieder nur mit einem Teilaspekt der Frau zu tun, nämlich mit ihrem Mutter-Sein: darin jedenfalls, so bezeugen es Dichter, Denker, Therapeuten, liegt ihre Macht. Eine wirkliche «Haus-Macht», wie Christa Rohde-Dachser es spöttisch nennt. Diese Macht scheint ungeteilt: kein Vater tritt dazwischen, um die Kinder zu schützen, die darum mehr denn je der Mutter-Imago mit ihrem allumfassenden verschlingenden Aspekt ausgeliefert sind. Auch wenn die reale Mutter diese Eigenschaften nicht in beängstigendem Ausmaß aufweist: dem kindlich-ungeschützten Bewußtsein muß es so erscheinen, wenn es nicht das Dazwischentreten des Vaters gibt. Die Macht der Mutter ist also sowohl eine destruktive als auch eine selbstdestruktive. Sie kommt aus der Dyade nicht heraus, bleibt auf das «Haus» fixiert und hindert sich selbst und die Tochter daran, mit selbstverständlichen Machtansprüchen in die Welt hinauszugehen.

Moderne Frauen aber – sofern sie ihren biologischen Anlagen folgen wollen – geraten unfehlbar in den Widerspruch zwischen ihrem Anspruch auf Autonomie auf dem Wege beruflicher Selbstverwirklichung – und damit: Teilhabe an der Kultur – und den Qualitäten, die eine gute Mutter ausmachen: Ruhe, Zurückgezogenheit, Fürsorge im Binnenraum der Familie. Das Kind, dem solche Opfer gebracht werden, wird daher emotional ungemein hoch aufgeladen und dient der Selbstwertsteigerung. Es wurde schon öfter herausgearbeitet, daß hier eine der Wurzeln des vielberedeten modernen Narzißmus-Problems liegt. Übermäßige Nähe, verbunden mit emotionalem Ressentiment auf seiten der Mutter bürden ihr hier alle Schuld am später «Frühgestörten» auf.

Wenn Mario Erdheim zu dem Schluß kommt, eine gelungene Adoleszenz ende damit, daß der jugendliche Narzißmus in die Realität der Arbeit mündet und sich dort – innerhalb der Grenzen der Realität – kreativ entfalten kann, dann ergibt sich daraus klar, daß Frauen es in dieser Hinsicht schwerer haben als Männer.

Keinesfalls verläuft die weibliche Adoleszenz so wie die männliche. Das künftige Dilemma des Konflikts zwischen Arbeit und Familie wirft für die Frauen ihre Schatten voraus. Die Schulleistungen, die bisher denen der Jungen überlegen waren, werden schlechter. Beziehungsprobleme nehmen einen größeren Raum ein als auf der männlichen Seite. Die Handhabung mathematisch-technischer Gegenstände (die unsere Kultur zentral prägen) wird eindeutig desinteressierter betrieben. Noch immer sind die Zukunftsaufsätze unserer vierzehn- bis sechzehnjährigen Mädchen voll von konventionellen Idealen von einer glücklichen Familie. Daneben greift der Beruf mit seinen Ich-Ideal-stiftenden Aspekten zwar auch ein, aber sehr häufig bleiben die Mädchen mit ihren «Traumberufen» hinter den Jungen zurück in bezug auf Qualifikationshöhe und kulturprägende Relevanz. Krankenschwester, Lehrerin, Sozialarbeiterin, Erzieherin als Berufswünsche überwiegen noch immer bei weitem die Flugzeugingenieurin, Automechanikerin und Biochemikerin.

Was ist der «Schatten», der hier vorausgeworfen wird? Es ist der Vorbote des kommenden Dilemmas in Gestalt der bedrohlichen Vorstellung, man werde künftigen Aufgaben nicht gerecht, und zwar nach keiner Seite hin. Die angestrebten Berufe drücken immer einen Kompromiß aus zwischen Intimität und dem Leben «draußen».

Kompromisse haben den Nachteil, daß man sich oft mit keiner Tendenz voll identifiziert. Das aber heißt: auch in der Adoleszenz gelingt vielen Frauen die Ablösung vom Ideal des Familiären nur schlecht. Sie bleiben sehr viel häufiger als männliche Jugendliche die Gefangenen der Familienstruktur: Sie kümmern sich mehr um ihre Eltern, bleiben eher zu Hause oder verbringen dort ihre Ferien und werden nach wie vor mehr eingespannt für familiäre Pflichten.

Ist die Aufrechterhaltung des narzißtischen Gleichgewichts im Zusammenhang mit schulisch-beruflichen Leistungen aber noch leidlich gelungen, so erleidet dies mit dem Entschluß zur Mutterschaft eine herbe Einbuße. Wie Maya Nadig in ihren kulturvergleichenden Studien eindrucksvoll geschildert hat, fühlen sich Frauen in dieser Situation vor allem gesellschaftlich allein gelassen. Muß der Versuch der adoleszenten Lösung, den Narzißmus einzubauen in eine kreative Realitätsgestaltung, fallengelassen werden, dann bleiben noch die Kinder, um die sich die narzißtischen Phantasien ranken. Die meisten Mittelschichtkinder sind anscheinend hochbegabt im Sport, im Zeichnen, musikalisch, tänzerisch, sprachlich, mathematisch … Also müssen die Wunderkinder auch dauernd herumkutschiert werden zur Frühförderung ihrer Begabungen. Welcher Kummer, wenn sie in der Schule dann nur mittelmäßig abschneiden!

Größenphantasien schwächen aber das Realitätsbewußtsein, stören adäquate Handlungsvollzüge und hindern viele Frauen daran, rechtzeitig auf angemessenem Qualifikationsniveau wieder einzusteigen in ihren Beruf. Lieber spielen sie die Chauffeusen ihrer so begabten Kinder und bescheiden sich mit eingeengter Tätigkeit. Unzufriedenheit mit allen ihren Rollen ist die Folge.

Dies alles stellt für junge Mädchen keinen attraktiven Lebensentwurf dar. Daraus resultieren die hochambivalenten Beziehungen zwischen Müttern und Töchtern. Damit verbunden ist aber auch der basale Mechanismus von Neid und Neidabwehr. Auf der bewußten Ebene ist zwar alles klar: die Tochter soll es besser haben als die Mutter mit ihrer ewigen Unzufriedenheit und ihrem nie eingelösten Anspruch auf ein etwas glänzenderes Leben in der «Welt da draußen». Auf der unbewußten Ebene aber sieht es sehr oft anders aus, so daß die Tochter eben durchaus unfreier gehalten wird als der Sohn. Und die Töchter dürfen natürlich auch den Neid der Mütter nicht an sich heranlassen und ihm allzuviel Nahrung geben. Deshalb sind sie immer wieder bereit, loyal zur Mutter-Tradition zu stehen und in Identifikation mit der Mutter ihre familiären Pflichten zu erfüllen.

Was bedeutet diese Identifikation von Töchtern mit ihrer Mutter? Es ist das ewig Gleiche, das von der Mutter repräsentiert wird. Der *Zyklus* und nicht die *Entwicklung* herrscht vor. Wir leben jedoch in einer Kultur der ständigen Neu-Entwicklungen und müssen uns immer wieder neu orientieren. Die Identifikation der Tochter mit der Mutter ist die Identifikation mit einem Leben, das vom Zyklus mehr bestimmt wird als von der Entwicklung. Deshalb ist zwischen

Müttern und Töchtern wenig Neues, auch wenig Gesellschaftliches möglich. Das heißt: weder Belehrung noch Erklärung eigener gesellschaftlicher Verhaltensweisen werden in den Mutter-Tochter-Diskurs aufgenommen. Es dreht sich um die immer gleichen «inneren Angelegenheiten» (KKK: Kinder, Kerle und Klamotten), je nach intellektuellem Niveau mehr oder weniger ausgefeilt.

Töchter, so heißt es, sprechen mit ihren Müttern wesentlich mehr über Emotionales als Söhne. Mit «emotional» sind so gut wie immer die inneren Angelegenheiten gemeint. Gesellschaftliches Mitwirken gilt als etwas «Rationales» und wird ausgeschaltet. Wo aber die Aufklärung der Hintergrundmotive einer Beziehung und einer Gegenstandsdefinition nicht möglich ist, da bleibt die Identifikation in großen Teilen unbewußt. Ob man in direkter Fortsetzung «wie die Mutter» handelt oder gerade das Gegenteil macht: die mütterlichen Strukturen werden, ohne das Bewußtsein durchlaufen zu können, ins Unbewußte verbannt, nicht mehr durchschaubar und daher lebensbestimmend. Es bleibt beim Konservieren des Alten. Die durch und durch konservative Struktur des Mutter-Tochter-Verhältnisses verhindert aufklärerische Reflexion ebenso wie Verständnis. Wir finden daher wütende Anklagen sowie kritiklose Übernahme mütterlicher Verhaltensweisen nebeneinander. Meist geschieht dies natürlich ohne daß die Betroffenen irgend etwas davon merken.

Das Thema Nazizeit gehört nicht zum Kanon der Mutter-Tochter-Gespräche. Das alles ist ja «so lange her ...», «meine Mutter ist so unpolitisch, die wußte von nichts». Das Hinterfragen dieses Nicht-Wissens wird, obwohl immerhin möglich, nicht gewagt oder jedenfalls nicht geleistet.

Aus dieser Mutter-Tochter-Symbiose, aus welcher der oder das Dritte ausgeschlossen bleibt, wird natürlich vor allem der «Andersdenkende» ausgeschlossen. Symbiose setzt sich auch in Gruppen fort. Sie ist dort sichtbar, wo man einander immer wieder von neuem bestätigt, harmonisiert und die Feindberührung scheut. Innerlich setzt man sich mit dem «Anderen» dann gar nicht mehr auseinander. Diese Auseinandersetzung müßte einbeziehen erstens den eigenen Bezug zu dem, was der Andere bedeutet, also die Möglichkeit der Identifikation, und zweitens die Sichtweise des Anderen auf mich. Erst dann ist Verstehen möglich, was nicht Einverstandensein bedeutet, sondern eine Möglichkeit der Konturierung der eigenen Person ohne entwertende Ausgrenzung des Anderen.

Die Einübung in Symbiose, die wir Töchter von den Müttern vorzugsweise lernen, ist die Einübung in die Ausgrenzung und in die Anpassung. Dies geschieht natürlich auch dann, wenn die Vorzeichen geändert werden, wenn die Tochter des Naziverbrechers radikale Kommunistin wird.

Im folgenden will ich einige Fallbeispiele aus meiner Praxis bringen, die nichts anderes illustrieren sollen als das Schweigen der Mütter, das Verbot des Denkens. Auch Denken ist in der Symbiose eine Art Verrat. Denken ist ein Heraustreten, eine Übersteigerung der Innigkeit, der Harmonie, der Identifizierung. Im denkenden Sich-Hinausbegeben aus der Symbiose ist es möglich, die Identifikation in jeder Form (in der Fortsetzung sowie im bewußtlos vollzogenen Gegenentwurf) zu durchbrechen. Dies aber darf bei vielen Mutter-Tochter-Beziehungen nicht sein.

Zur Illustration einige Beispiele aus meiner Praxis:

Hannelore P., 50 Jahre. Ihr Vater wird in der DDR verurteilt, weil er als Direktor eines großen Unternehmens Kriegsgefangene und Juden zu den bekannten Bedingungen beschäftigt hat. Hannelore ist felsenfest davon überzeugt, daß ihr Vater unschuldig ist. Die ganze Familie ist immer davon ausgegangen. Die Mutter hat mir ihren Kindern während der vierjährigen Haftzeit nie anders darüber gesprochen, als daß es ein großes Unrecht ist, ihn verantwortlich zu machen. Er sei doch sogar besonders «menschlich» zu den Zwangsarbeitern gewesen, das sei bezeugt. Der Schuldige sei der zweite Direktor, der sich in den Westen abgesetzt habe. Sie selbst habe von nichts etwas gewußt. Auch bei der klugen und reflektierten Hannelore P. gab es nie den leisesten Hauch einer Überlegung, ob der Direktor eines großen kriegswichtigen Betriebes wirklich je «unschuldig» gewesen sein könne. Noch viel weniger hat sie jemals darüber nachgedacht, welche Rolle ihre ewig dienende, alles nachplappernde Mutter gespielt hat.

Erst als Frau P. durch eine lange Therapie mit ihrem eigenen Masochismus (der übrigens ihre Ehe zerstört hatte, weil ihr Mann sie zu wenig als Partnerin empfand) bekannt wurde, griff sie das Thema auf. Mit ihrer senilen Mutter konnte sie nicht mehr sprechen. Bei den Geschwistern stieß sie auf eisige Ablehnung: der Familienmythos vom unschuldigen Vater (inzwischen verstorben) wurde starrsinnig weitergepflegt. Dies machte Frau P. erst so richtig stutzig. Sie nahm sich eine Revision des Vater- und Mutterbildes gerade auch in bezug auf die Nazizeit vor und bewältigte durch diese Erweiterung ihres Horizonts einen Großteil ihrer eigenen selbstdestruktiven Anpassungstendenzen. Es war wohl kein Zufall, daß diese bis dahin in einem rein technisch orientierten Milieu lebende und ausgebildete Frau durch den Vortrag eines Philosophen tief betroffen anfing, philosophische Seminare zu besuchen.

Nicole Sch., 27 Jahre, ist die Enkelin eines in Westdeutschland zu mehreren Jahren Haft verurteilten Kriegsverbrechers. Er war an prominenter Stelle in einem Rüstungsbetrieb beschäftigt gewesen. Die junge Frau weiß nichts davon und interessiert sich auch nicht dafür. Nur daß er «unschuldig» war, sagt sie immer wieder. Sie hat ihn nie kennengelernt. Wie ihre Mutter, eine schwer depressive Frau, die ihr eigenes Leben ihrem permanent untreuen Ehemann aufgeopfert hat, zu diesem Mann stand, weiß sie nicht. Auch nicht, wie die (verstorbene) Großmutter – eine dominierende Frau – sich in der Nazizeit arrangiert hat. Das Thema ist offensichtlich durch Bagatellisierung und Isolierung nicht mehr hinterfragbar. Bisher kann ich nur Vermutungen anstellen, wie die Zwangsgedanken der Klientin – alle ihre Lieben könnten sterben – mit dieser Familiengeschichte zusammenhängen.

Elke N., 50 Jahre, ist die Tochter eines «Unverbesserlichen», ehemals SS-Offizier, jetzt Anhänger der Republikaner. Er erklärt ihr immer wieder, wie es «wirklich gewesen» ist, zum Beispiel anhand der Schriften von Franz Schönhuber. Als Kind wurde sie von ihrem Vater gedemütigt und mißhandelt. Sie versucht trotzdem bis heute, seine Liebe zu gewinnen. Seine Nazi-Vergangenheit tut sie bagatellisierend ab: er habe sicher nichts Schlechtes getan. Seinen Erklärungen gegenüber ist sie skeptisch, betont aber immer wieder, daß er schließlich Akademiker sei und sie ihm wenig historische Kenntnisse entgegenzusetzen habe. In all diesen Haltungen ist sie eine getreue Nachlaßverwalterin ihrer Mutter. Diese hat den Kindern natürlich nichts über die Vergangenheit des Vaters erzählt, sie hat ihnen sogar jahrelang nicht erzählt, daß der Vater sie schon längst verlassen und bereits mit einer anderen Frau ein Kind hatte. Die Mutter heiratete später einen Mann, der ebenso strukturiert war wie ihr erster Mann. Elke N. war dreimal mit alkoholsüchtigen, prügelnden Männern liiert. Der letzte Freund ist neunzehn Jahre älter als sie und übertrifft an Sadismus sogar noch ihren Vater. Diese Zusammenhänge kann sie selbst sehen. Sie hat Angst, daß ihr Vater oder ihr Freund entdecken könnten, daß sie «Therapie macht» – dies sei in deren Augen nur etwas für diese «linken Schweine». Nach den Weihnachtsferien, die sie bei ihrem Vater verbrachte, teilt sie mir in einem kurzen Schreiben mit, daß sie wegen Arbeitsüberlastung die Therapie abbrechen müsse.

Betrachtet man diese Familiengeschichten unter dem Aspekt der Mutter-Tochter-Beziehung, dann fallen immer wieder die depressiven und masochistischen Mütter auf, die «von alledem nichts wissen, nichts verstehen», die es einfach ihren Ehemännern recht machen wollen. Noch sehr viel mehr als die Männer versuchen sie, sich aus der gesellschaftlichen Verantwortung herauszuhalten. Das scheint ihnen auch zu gelingen, da sie sich ja tatsächlich nie in die Gesellschaft hineinbegeben haben. Daß dies sie in keiner Weise ihrer Mitverantwortung enthebt, ist ihnen völlig unklar.

Von allen Seiten her wirkt das konservierende Element hinein in die Beziehung, so daß Töchter noch sehr viel mehr Mühe haben als Söhne, neue Lebensformen zu finden, neue Fragen zu stellen. Die erste Generation deutscher Aufwiegler nach 1945 wurde 1968 bekanntlich noch immer bedient von kaffeekochenden SDS-Frauen. Die gesellschaftlich interessanten Stellungen sind nach wie vor männlich dominiert. Neue Fragen ergeben sich nicht in der Stille und Wärme des Hauses, auch nicht unbedingt dort, wo man als Erzieherin, Lehrerin oder Psychologin noch immer das Bewahrende und Pflegende in den Vordergrund stellt. Neue Fragen ergeben sich vor allem dort, wo einem die Widersprüche des gesellschaftlichen Lebens förmlich ins Gesicht springen. Wenn Frauen nicht draußen an diesen sozialen Brennpunkten stehen, werden sie auch in Zukunft ihre kreativen Möglichkeiten verpassen und als ewig Nicht-Wissende, solche, die «an Politik nicht interessiert sind», ihre Kinder hüten und diese ebenso unaufgeklärt lassen, wie sie selbst es waren.

Demeter in der Neubauwohnung:
Die Dimensionen der weiblichen Macht

Ich gehe davon aus, daß in einer modernen Gesellschaft nicht nur die Teilhabe an ihr, sondern auch ihre kreative Weiterentwicklung davon bestimmt ist, daß Frauen die in der Modernität entstandene Spannung zwischen Familienintimität und Kultur verstehen und nutzen lernen. Die verlängerte Adoleszenz in diesen Kulturen gibt uns eine Chance, die Familie zu überwinden und in das «Draußen» der Kultur zu treten, ohne daß die Errungenschaften der inneren Differenzierung, die die Intimfamilie ermöglicht, verlorengehen. Wahrscheinlich ist dies immer nur einem Teil der Menschen und vornehmlich den Männern gelungen. Aber auch diese haben die Familialität insoweit nicht wirklich befriedigend überwunden, als die Angst vor ihrer Bindungskraft sie immer wieder den Pol der Abgrenzung und der Kälte suchen läßt und sie daher ungestraft das Vorherrschen instrumenteller Vernunft anstreben konnten.

Die gesellschaftliche Situation der modernen Frau als Mutter zwingt sie, große Teile ihres Selbstbewußtseins vorwiegend über ihre Kinder als ihr individuelles «Produkt» zu beziehen, und gibt daher der Mutter-Kind-Dyade eine emotionale Färbung, die meist lebenslange Abhängigkeit erzeugt, was sich in unheilvoller Weise besonders auf die

Töchter auswirkt. Margarete Mitscherlich spricht daher von der Vereitelung der weiblichen Emanzipation durch die Mütter.

Teile der Frauenbewegung versuchen, genau diejenigen Mechanismen als ihre «Natur» zu verabsolutieren (wobei sie Sex und Gender verwechseln), die dazu führen, daß Frauen sich selbst ihre Teilhabe an der Kultur verwehren. Es sind dies diejenigen Gruppierungen, die über die Rückkehr in den Natur-Mystizismus und die Mythologie eine neue «weibliche» Kultur suchen.

Die «Mittäterschaftsthese» von Christina Thürmer-Rohr ist zwar dort plausibel, wo sie die Frauen aus dem Objekt-status der Geschichtslosigkeit befreit, greift aber zuwenig weit, weil der Begriff «Mittäterin» anzeigt, daß die Tat selbst von den Männern angezettelt wurde und Frauen nur Bei-hilfe leisten. Demgegenüber möchte ich zeigen, daß Frauen in gleicher Weise die traurig-machtlose Situation der Frauen in der männlich orientierten Kultur erzeugen und mittragen. Sie sind also gleichverantwortliche Täterinnen und «stehen nicht nur Schmiere» bei der Produktion gesellschaftlichen Ungleichgewichts zum Nachteil der Hälfte der Menschen in unserer Kultur.

Mario Erdheim beschreibt in seinem wegweisenden Auf-satz zur Adoleszenz in überzeugender Weise, wie die Aufgabe der Adoleszenz in sogenannten «heißen Kulturen» (also in unserer), die in der Weiterentwicklung des Vorgegebenen be-steht, verfehlt werden kann, wenn die familialen Muster nicht verlassen werden. Gestützt auf Freuds «Unbehagen in der Kultur» und «Massenpsychologie und Ich-Analyse» führt er aus, wie selbst die kulturvermittelnden Institutionen (Schule,

Universität, Lehre) dem Sog des Familiären nicht widerstehen und die darin Tätigen zur ewigen Wiederholung des Familienspiels mit belohnenden und bestrafenden Maßnahmen zwingen. Zugrunde liegt diesem Gedanken der schon von Freud angesprochene Antagonismus von Familie und Kultur.

Die erste entscheidende Entwicklungsaufgabe des Kindes besteht in der Überwindung der Dyade mit der Mutter zwischen dem vierten und fünften Lebensjahr. Hier hat Freud mit seiner Metapher von der «ödipalen Triangulierung» darauf hingewiesen, daß die Mutter-Kind-Einheit durch den Eintritt des «Dritten» (symbolisiert durch den Vater) zerbrochen wird, wodurch ein «Mehr an Welt» möglich wird. Symbiose hingegen bedeutet immer auch einen Verlust an Identität; die Begegnung mit den «Fremden», dem «Dritten» aber birgt die Möglichkeit konturierter Ich-Werdung. Die ödipale Phase hat Vorreiter-Funktion für die Aufgaben der Adoleszenz. In der Adoleszenz nämlich gibt es eine ähnliche Entwicklungsaufgabe zu erledigen. Hier muß aus dem Familiären insgesamt herausgetreten werden. Das «Fremde» ist nun die anzueignende Kultur mit der ihr inhärenten Aufgabe der Weiterentwicklung, so wie es in nicht-traditionalen Gesellschaften nötig ist.

Daß wir hier der entstehenden «vaterlosen Gesellschaft» unseren Tribut zollen müssen, leuchtet ein. Der Vater als Symbol für das «Fremde» ist nicht mehr in derselben sinnlich-konkreten Weise da wie in überschaubaren Gesellschaften. Die Auseinandersetzung mit ihm sowohl in der ersten (ödipalen) als auch in der zweiten (adoleszenten) Phase ist schwach und bietet oft wenig Anhaltspunkte. Das Mütterliche dominiert daher in hohem Maße.

Kulturentwicklung und lebendige Teilhabe daran aber müssen dort stagnieren, wo das Familienmuster (im Sinne der Psychoanalyse die libidinösen und inzestuösen Bindungen) nicht verlassen werden kann. Erdheim spricht von eingefrorener, zerbrochener oder ausgebrannter Adoleszenz, wo Jugendliche entweder im destruktiven Hader mit der Gesellschaft oder im braven unkreativen Angepaßtsein ihre Kraft vergeuden. Es läßt sich nicht leugnen, daß immer mehr Jugendliche in dieses traurige Muster hineinpassen.

Wie aber kommt es, daß gerade in einer Zeit des Verfalls der Familie sie so große Macht hat, individuelle Kräfte zu binden?

Der sogenannte «Verfall» der Familie betrifft nicht die innere Kraft, sondern ihre kulturelle Eingebundenheit. In dem Maße, in dem die in ihr zu vermittelnden Prozesse der Sozialisation mitsamt ihren Krisenpunkten nicht mehr eingebettet sind in gesellschaftliche Rituale, wird das Binnengefüge emotional so sehr angespannt, daß die Individuen oft nur noch wenig Kraft haben für «Außenangelegenheiten». Jede Belastung muß innerlich verarbeitet werden und wird dementsprechend von Schuldgefühlen begleitet. Die vermehrte Introjektion von Gut und Böse (nicht mehr böse Geister sind schuld, wenn mein Kind nicht gedeiht, sondern ich selbst habe irgendeine emotionale Schuld auf mich geladen) führt zwar zu einem sehr differenzierten Innenleben, behindert aber das Interesse für das «Draußen» und führt damit zu einem verstärkten Antagonismus von Außenraum und Innenraum.

Natürlich dreht sich hier das Rad in unheilvoller Weise, und ein neuer-alter Zyklus beginnt: emotional gefesselt, können sich die jungen Frauen nur schwer freimachen und sehen als Ausweg immer wieder den gleichen Kompromiß. Der Schatten neuer Mutterschaft kündigt sich an.

Auch für Jugendliche männlichen Geschlechts ist es schwer, dieser Symbiose, aus der kein Vater heraushilft, zu entfliehen. Bei ihnen sind aber doch noch andere Mechanismen – vor allem die gesellschaftlichen Vorbilder – am Werk, um den Übergang zur Realität der Arbeit zu erleichtern. Wie Christiane Olivier überzeugend dargelegt hat, ist der «Drang nach draußen» oft auch eine Flucht vor der übermäßig begehrlichen Mutter, die den kleinen Jungen doppelt gebunden hat: durch orales Verwöhnen und durch Bewunderung seines Geschlechts. Diese Mischung scheint vielen Männern allzu brisant, und die Angst vor der allmächtigen Mutter-Imago läßt sie eher den Weg nach draußen finden, als dies bei jungen Frauen der Fall ist. Bezahlt wird dies bei Männern oft mit der ewig schizoiden Nähe-Abwehr allen Frauen gegenüber.

Demgegenüber hält das «gebundene» Mädchen viel eher an der Familie fest – real und in der Phantasie. Es ist – bei aller Ambivalenz, die meist stark verdrängt wird – loyal gegenüber dem Leiden der Mutter und übernimmt gehorsam alle Delegationen, wiederum in Richtung auf Familie und Beruf, also auf die Quadratur des Kreises hin. Diese Gebundenheit, der Drang zur Symbiose, den kein Vater und keine wirklich leuchtende Idealnorm der weiblichen Heldin als «Abenteurerin» durchbricht, wird nun von einem Teil der Frauenbewegung aufgefangen und in einem Salto mortale zur idealen Rettungsphantasie verdreht. Es wird die «echt weibliche» Sprache gesucht, die Hinwendung zur Natur, irgendwelche antiken Weiblichkeitsmythen und Göttinnen werden bemüht, um Frauen auf ihre angebliche «Natur» (die weiblich sein soll) festzulegen, und von diesem Ort aus wird der bösen männlichen Welt begegnet. Ich verweise zum Beispiel auf die Schriften von Jean-Shinoda Bolen und C. Christ. Damit aber hält man Frauen fest in einer Falle, die angeblich «Natur» uns Frauen stellt: in der Falle der Verbundenheit, der ewigen Zyklizität des Weiblichen, des ahistorischen Ablaufs der Natur, die immer übermächtig erscheinen muß. Die frauenfeindlichen Dichotomien von «drinnen» und «draußen», «kalt» und «warm», «Verstand» und «Gefühl» werden so geboren. Doch es ist schon soviel zum Thema des reaktionär-ahistorischen Mystizismus gesagt und geschrieben worden, daß ich das Thema nicht noch weiter auswalzen möchte.

Letztlich wird hier eine identitätszerstörende Symbiose gefordert: Symbiose mit der Natur, Identifikation mit einem ahistorischen Prinzip, das das «Weibliche» immer schon definiert hat und nur schwerlich imstande sein wird, gänzlich und unerwartet Neues zu entdecken. Wo antike Göttinnen zur Identifikation aufrufen: wo soll da die kreative Umgestaltung unserer eigenen Kultur unter Einbeziehung der Frauen bleiben? Sollte es wirklich ein «weibliches Prinzip» geben, das über die Biologie hinausgeht (was längst nicht ausgemacht ist), dann wird es sich nur entfalten können in einer entschlossenen Inbesitznahme und Auseinandersetzung mit dem historischen Hier und Jetzt.

Was hier hervorgehoben werden soll, ist folgendes: Die forcierte Spaltung in «männlich» und «weiblich» erleichtert die Projektionen der Geschlechter übereinander. Wo das

Weiche, Gefühlvolle, Warme in die Frau hineinverlegt wird, bleibt das Kalte, Verstandesmäßige, Harte, Technische beim Mann und kann in dieser Spaltung (die man je nach Belieben mit positiven oder negativen Vorzeichen belegen kann) auf ewig bestehen. Die Macht der Frau wird dann nur immer in der gleichsam naturhaften symbiotischen Umklammerung ihrer Kinder bestehen. Sie wird sich den scheinbaren Gesetzen ihrer Natur unterwerfen, und das «Zurück-ins-Nest»-Syndrom kann nicht analysiert werden, da es ja auf «Natur» beruht. Das ist es, was Mario Erdheim die gesellschaftliche Produktion von Unbewußtheit nennt.

Die Überhöhung, die dem Mythischen, dem Natürlichen gerade von intellektuellen Frauen gegeben wird, macht die Sache nicht besser, im Gegenteil. Der Ruf nach Demeter verdeckt nur scheinbar das fade bürgerliche Ideal der treusorgenden Hausfrau – denn wie anders als in der Kleinfamilie in der Neubauwohnung soll die moderne Demeter wirken? Ihre Tochter sucht sie nicht in der Unterwelt, sondern auf dem Spielplatz. Und wenn sie nicht das Erdreich in Unfruchtbarkeit erstarren lassen kann, dann wird sie ersatzweise höchstens mal die warme Mahlzeit ob dieser Suche ausfallen lassen. Und dabei bleibt es dann auch! Es bleibt dabei, solange die Aufspaltung in männlich und weiblich mit diesen angeblich naturhaften Komponenten operiert.

Der Abwehrmechanismus der Spaltung ist besonders gut geeignet, einem Menschen «reifes» Funktionieren unter Ertragen der Ambivalenzspannung unmöglich zu machen. Die zu ertragenden und zu bewältigenden Ambivalenzen sind für beide Geschlechter zwar verschieden, weisen aber in ihrer Struktur durchaus Gemeinsamkeiten auf.

Wenn Frauen das «Phallische» den Männern überlassen müssen, wird das «Mütterliche» zum «Hausmütterlichen» degenerieren. Wenn Männer das «Mütterliche» den Frauen überlassen, gerät der Phallus außer Kontrolle und wird als Zerstörungswerkzeug benutzt. Auf dieser Basis haben Feministinnen wie Christina Thürmer-Rohr recht, wenn sie die Welt als «von den Männern zerstört» ansehen und den Frauen nur als «Mittäterinnen» eine gewisse Schuld zugestehen. Frauen sind aber nicht erst später zu Eingeweihten des von Männern ausgehecklen Komplotts geworden, sie haben immer schon ihre Hand im Spiel gehabt.

Die Spaltung geht aber noch weiter. Das «Weibliche» wird mit dem Gefühl gleichgesetzt, das «Männliche» mit dem Intellekt. Dieser, so wird immer wieder betont, hat im Sinne der technisierten, analysierenden «instrumentellen Vernunft» die Welt ins Verderben manipuliert. Instrumentelle Vernunft im Sinne Max Horkheimers ist nämlich die konsequente Formalisierung des Denkens, die nichts ist als die «intellektuelle Fähigkeit der Zuordnung ...», deren Wirksamkeit durch methodischen Gebrauch und den Ausschluß nichtintellektueller Faktoren wie bewußter und unbewußter Emotionen gesteigert werden kann».

Diese Art von Vernunft ist es, die als Instrument der Naturbeherrschung eingesetzt wird, bis – wie Theodor Adorno und Max Horkheimer es für viele Gebiete darlegen – die Natur irgendwann «zurückschlägt». Es sieht so aus, als bedürfte es der «weiblichen» Gegensteuerung des Gefühls, um eine menschlichere Welt zu gestalten. Die Hoffnungen gehen immer wieder in die Richtung des «Ausgleichs», wenn Frauen erst in Politik, Technik und Wissenschaft Einzug halten. Diese Hoffnungen werden übrigens meistens enttäuscht. Offensichtlich werden Frauen von den «männlich» strukturierten Institutionen sehr schnell mitgerissen. Man setzt also auf «more of the same» – doch ich wage zu prophezeien, daß auch die Fünfzig-Prozent-Quotierung kein Heilmittel ist. Falsch ist nämlich nicht nur die Spaltung in «männlich gleich instrumentelle Vernunft» und «weiblich gleich Gefühl», falsch ist vor allem die Polarisierung von Intellekt und Gefühl. Nicht das korrigierende Gefühl rettet die tödliche instrumentelle Vernunft, sondern die aus einer ganzheitlichen Erfahrung geborene Reflexion, in der solche Spaltungen hinterfragt werden. Adorno und Horkheimer haben für jedes aufklärerische Denken gefordert, daß es sich auf sich selbst besinne, wodurch es begreift, daß in ihm selbst schon das Potential der Zerstörung steckt. Nur dadurch, formulieren sie, wird verhindert, daß das «Destruktive des Fortschritts … seinen Feinden überlassen werde», was im konkreten Fall bedeutet, daß die Spaltung in «männlich» und «weiblich», in «Verstand» und «Gefühl» und so weiter im Denken aufgehoben werden muß, damit das jeweils Verdrängte nicht zurückschlägt.

Vernunft muß sich also auf sich selbst besinnen. Ohne dieses Besinnen hilft ihr kein noch so weibliches Gefühl von Ganzheitlichkeit, Naturbewahrung und Fruchtbarkeit auf die Sprünge. Die Spaltung in Verstand und Gefühl und die damit assoziierte Spaltung in «männlich» und «weiblich» trägt schon wieder in sich die zerstörerische Dominanz der instrumentellen Vernunft, deren Strukturgesetz jene Destruktion ist. Das «Gefühl» (was immer das bedeuten mag) bleibt ihr gegenüber eine stumpfe Klinge, so wie eben auch die Auschwitz-Mörder durch ihren gefühlvollen Umgang mit Kindern, Hunden und Blumen nicht an ihrem Tötungsgeschäft gehindert waren.

Die einzige Möglichkeit, instrumenteller Vernunft in den Arm zu fallen, liegt in der Aufhebung der Verdrängung durch erkennendes Erleben. Was wird verdrängt? Es ist die der Vernunft inhärente maßlose Destruktivität. Und wie im individuellen Fall diese Destruktivität weder durch schrankenloses Ausleben noch durch die moralische Entgegensetzung einer sanften, moralischen, «weiblichen» Welt gebannt wird, so werden auch im gesellschaftlichen Raum diese Maßnahmen nichts nützen, wenn nach einer gerechteren und friedlicheren Welt gerufen wird. Eine «weibliche» Welt wäre im gleichen Maß zerstörerisch wie eine «männliche», wie es übrigens andeutungsweise in den Phantasien von der verschlingenden und erdrückenden Mutter geahnt wird. Diese Erkenntnisse sind nötig, um zu verstehen, daß Reflexion auf die Situation der Frau immer im jeweiligen gesellschaftlichen und historischen Kontext nötig ist, damit der Prozeß der realen gesellschaftlichen Veränderung mit dem der Reflexion auf diesen Prozeß eins bleibt. Ein Ausflug in das Reich der «Göttinnen» und «Mythen» ist nicht nur sentimentaler Unsinn, sondern trägt auch den Keim der Zerstörung schon in sich und treibt diese voran. Für die NS-Mythen von der Frau hat Gerburg Treusch-Dieter dies aufgezeigt.

Feminismus, dem es nicht gelingt, die Spaltungsmechanismen reflexiv zu überbrücken, hat wenig Chancen, den Frauen zu helfen. Weder als Stütze, noch als komplementäre Ergänzung ist das sogenannte «Weibliche» geeignet, Unter-

drückung aufzuheben. Als herrschendes Prinzip gar gelangt
es nicht über die unheilvolle Mutter-Kind-Symbiose hinaus
und müßte daher, wie die realen Mütter in unserer Gesellschaft dies ja dauernd tun, das «Kind» (Natur und Mythos)
phantasievoll, aber realitätsabgewandt erhöhen.

Was folgt konkret aus diesen Überlegungen?

Konkrete Aktionen zur Frauenemanzipation werden Gott
sei Dank und mit doch ein wenig mehr Erfolg als bisher von
Politikerinnen und Politikern (feministischer und nicht-fe-
ministischer Art übrigens) durchgeführt. Hier gibt es natürlich nichts als den steinigen Weg der Quotierung, der Be-
schaffung von KITAs, Horten und so weiter. Dazu all die
vielen Vor- und Nachbereitungen.

Dies alles aber kann nur dann wirklich eingreifen ins Leben der Frauen, wenn sie den Weg der Auseinandersetzung
mit dem «Draußen» wirklich gehen wollen, besser: wenn sie
ihn wollen *können*.

Dafür, so meine ich, sind diese Überlegungen sinnvoll.
Falsche Ideologien aufzugeben mittels Reflexion auf die ihnen zugrundeliegenden Mechanismen: das kann beiden Geschlechtern weiterhelfen. Falsche Ideologien werden aber
nicht aufgegeben, indem man «Gegenideologien» erzeugt,
sondern indem man sie hinterfragen lernt.

Symbiose, Nähe, Wärme, Natur sind nicht naturgegeben,
nicht anthropologisch konstant; die Familie in unserem
Sinne ist es natürlich schon gar nicht.

Hilfreich aber kann es für Männer und Frauen sein, wenn
solche Festsetzungen reflektierend überwunden werden
durch die ernsthafte und immer wieder erneute Zurückwei-
sung einer endgültigen Spaltung von «männlicher» und

«weiblicher» Welt, die trotzdem Spannung zwischen den Geschlechtern anerkennt. Die einseitige Zuordnung der Familienwelt zu den Frauen sowie ihre dadurch erfolgende Verabsolutierung: das sind Setzungen, die Frauen und Männer gemeinsam überwinden müssen, wenn sie die Vorherrschaft instrumenteller Vernunft mit ihrer Zerstörungskraft abschütteln wollen.

Das Paradies mit seiner archetypischen Mütterlichkeit wird es nicht sein, das uns erwartet. Aber bekanntlich hatte sich ja schon dort der destruktive Phallus in Gestalt der Schlange eingeschlichen. Das Paradies gibt es nicht, so wenig wie es je über längere Zeit Herrschaftsfreiheit gegeben hat. Es gibt aber menschlichere und unmenschlichere Gesellschaften. Vielleicht gelingt es uns, beizutragen zu einer Welt, in der die destruktive Kraft der Spaltung uns nicht ins Verderben treibt.

Das Loch und die Sexualität:
Eßstörungen

Im folgenden werde ich die Gespräche mit sechs Therapeutinnen, die sich auf Eßstörungen spezialisiert haben, sowie einige der modernen Lehrbücher der tiefenpsychologischen Neurosenlehre untersuchen. Es interessiert mich, in welcher Diktion über Eßstörungen gesprochen wird, mit welchen Theoriebestandteilen gearbeitet wird und in welcher Weise sich diese Theorien in der Praxis der Therapeutinnen niederschlagen.

Ein Ergebnis sei vorweggenommen: sowohl Lehrbücher als auch Therapeutinnen bedienten sich einer *sehr ähnlichen* Sprache und Problemauffassung – und dies auch dann, wenn die Therapeutinnen nicht explizit psychoanalytisch geschult waren, sondern einer anderen Therapierichtung angehörten, etwa der familientherapeutischen oder der gesprächstherapeutischen. Bei dieser Untersuchung habe ich keine Verhaltenstherapeutinnen befragt.

In vielen Gesprächen mit Bulimikerinnen habe ich bei ihnen selbst übrigens ganz ähnliche Theorien zu ihrer eigenen Situation wiedergefunden – eine bekannte Tatsache, die der Dichte und Suggestivkraft der therapeutischen Situation geschuldet ist.

Die Psychodynamik der Eßstörung ergibt dennoch sowohl in der Literatur als auch im Denken der Psychotherapeutinnen ein ziemlich einheitliches Bild. Diese Einheitlichkeit, muß einschränkend hinzugefügt werden, verdankt sich allerdings weniger einer präzisen Beobachtung der Phänomene als einer stark abstrahierenden Darstellungsweise, in der Eßstörungen, psychosomatische Störungen und Süchte sehr schnell zu einem einheitlichen Bild verschmolzen werden und generalisierend jeweils Verschmelzungswünsche plus die dazugehörige Abwehr, Autonomieforderungen und innere Leere eine Rolle spielen. Manche sind geneigt, all dies als ubiquitäre Ausdrucksformen von Neurosen zu sehen, vielleicht sogar von moderner menschlicher Verfaßtheit überhaupt. Damit gekoppelt sind auch genetische Betrachtungen, die nur dann übereinstimmen, wenn man sehr abstrakte Formulierungen wählt: also die verwöhnende *und* die vernachlässigende Mutter als «bedürfnisinadäquat» ineinssetzt, sexuelle Überstimulation sowie Prüderie im Elternhaus als «sexuelle Vernachlässigung» charakterisiert und ähnliches mehr. Wir befinden uns hier mitten drin im leider noch immer sehr unspezifisch analysierten und dargestellten Bereich der Psychosomatik und der Süchte, der sogenannten «präödipalen» Neurosen, ein Bereich, der noch längst nicht die Spezifität erreicht hat wie die in der traditionellen Psychoanalyse dargestellten ödipalen Störungen.

Es gibt allerdings – und auch hierin sind sich Neurosenlehren und Therapeutinnen einig – einige Merkmale der Eßstörung, die immer wieder genannt werden. Sie bewegen sich im Bereich des Metaphorischen und sollen im folgenden als wichtige handlungsweisende, das Denken und Beobachten beeinflussende Strukturen gekennzeichnet werden.

Die Metapher als Wegweiser

Nach J. B. Sykes ist eine Metapher eine «Anwendung eines Namens, eines deskriptiven Begriffs oder einer Paraphrasierung auf einen Gegenstand oder eine Handlung, auf die sie bildlich, aber nicht wörtlich paßt». Es besteht nun immer wieder – für das Psychische in seiner Vagheit gilt dies in besonders hohem Maß – die Tendenz, Metaphern zu substantialisieren und als Realität zu betrachten. Wie D. L. Carveth berichtet, hat schon Josef Breuer in den «Studien zur Hysterie» auf die Gefahr hingewiesen, räumliche Metaphern wie «Unterbewußtsein» als etwas Reales zu sehen und zu manipulieren. «Dann ist die Mythologie fertig», resümiert er. Man kann sich vorstellen, daß seine Reserve der Psychoanalyse gegenüber und sein Bruch mit Freud auch auf seiner Skepsis gegenüber dem Wuchern der Metaphorik in der Psychoanalyse gegründet war.

Nun gibt es, wie Léon Wurmser es in seinem Artikel «Plädoyer für eine Verwendung von Metaphern in der psychoanalytischen Theorienbildung» so kenntnisreich dargelegt hat, keine Theorie des Psychischen, die nicht mit Metaphern arbeitet, ja, darin kann sogar einer ihrer Vorteile liegen. Allerdings, sagt Carveth, sollte immer wieder ein Prozeß einsetzen, der auf diese Tatsache aufmerksam macht, damit wir uns in der Reflexion davon distanzieren können. In der psychoanalytischen Therapie geht es letztlich darum, dieser «Mythologisierung» Einhalt zu gebieten. Carveth bezeichnet den Neurotiker als einen, der von einer Metapher «besessen» ist und sie nicht «besitzt». Sekundärprozeßhaftes Denken aber muß Metaphern zerpflücken, Gegensätze, die allzuleicht eingeebnet werden, hervorheben und Unterscheidungen machen. Die Therapie bezeichnet Carveth als den Prozeß, in dem Metaphern «deliteralisiert» werden, in dem also Unterschiede gesehen werden zwischen einer unbewußten Gleichsetzung von Verschiedenem (in einem Beispiel Carveths: der psychischen Ineinssetzung von vernichtenden Waffen und Penis) und der Realität, in der Verschiedenes unterschiedlich gehandhabt werden muß. Dies entspricht dem Prozeß der «Deliteralisierung». Die nicht deliteralisierte Metapher kann demagogisch hervorragend eingesetzt werden, um ein öffentliches Bewußtsein zu dirigieren. Klaus Theweleit zum Beispiel hat die strotzende Metaphernwelt der präfaschistischen und faschistischen Zeit analysiert und dabei aufgezeigt, in welchen antiintellektuellen archaischen Sog ein Volk geraten kann, wenn es sich dieser Metaphernwelt überläßt. Metaphern scheinen «für sich» zu sprechen. Susanne Langer hat auf die emotionale Wucht hingewiesen, mit der die Metapher meist gekoppelt ist. Ihren Überlegungen nach sind es gerade die «adoleszenten Rassen», die noch nicht eingebunden sind in ein diskursives, rationales Weltverständnis, die eine «verschwenderische Pracht von Symbolen» benutzen, um die Welt zu verstehen. Menschen, die innere Erfahrungen beschreiben wollen, sind aber sehr oft in der Situation «adoleszenter Rassen», das heißt: sie finden in der diskursiven Logik wenig Anhaltspunkte, um das zu beschreiben, was in ihnen gerade vorgeht. Deshalb haben ja die psychologischen Theorien auch eine besonders metaphernreiche Sprache nötig, sonst würde die Beschreibung differenzierter seelischer Zustände allzu dürftig ausfallen.

Metaphern sind also verführerisch: ihre Verwendung kann Erkenntnisgewinn, aber auch Verdunkelung eines Sachverhalts bringen, wenn sie unbesehen übernommen werden.

Welches aber sind nun die *Metaphern*, die bei der Beschreibung *von Eßstörungen* am häufigsten gebraucht werden? Welche Konsequenzen hat das?

Die Leere und das Loch

Die übliche Metapher bei der Beschreibung Eßgestörter ist die Metapher des «Loches», oft verbunden mit dem Bild der «inneren Leere». Michael J. Schulte beschreibt die Leere vor dem Freßanfall mit den Worten einer Patientin so: «vielleicht eher, daß ich mich einsam fühle, ein Loch in mir hatte» und faßt zusammen: «dann müssen wir oft annehmen, daß die Unruhe auftritt, um einem Leeregefühl zu begegnen, also schon eine Reaktion auf das Gefühl der Leere und des Alleinseins ist, daß sich somit die Leere wie eine zentrale Befindlichkeit durch die Schilderung der meisten Frauen zieht». Ebenso bei Tilman Habermas: auch hier ist die «innere Leere verbunden mit Anspannung» ausschlaggebend. Sven Olaf Hoffmann und Gerd Hochapfel sprechen in ihrem zur Zeit sicher meistgelesenen Neuroselehrbuch in Umschreibungen dasselbe Phänomen an, wenn sie die «Ersatzbefriedigung», die Anspannung und innere Unruhe dämpft, beschreiben.

Ganz ähnlich die Therapeutinnen. «Das Symptom steht für die echte Beziehung – Essen statt Liebe.» «Das Essen ist tröstlich – Essen füllt den leeren Raum.» «Für jeden Menschen kann dies ein fundamentaler Weg sein, die Leere auszufüllen.» Bei den Adipösen wird auch noch die Abgrenzungsfunktion des Fettseins thematisiert, sie wollen «endlich Raum einnehmen».

Der konkrete Vorgang des «Etwas-in-sich-Hineinnehmens», wobei konkrete Nahrung in eine Höhlung, ein Loch (den Magen) gelangt, wird metaphorisiert und dazu verwendet klarzumachen, daß hier ein psychisches «Loch», eine «Leere» in der Seele zugestopft wird. Der leere Magen und die leere Seele werden also ineins gesetzt.

Die leere Seele
und die Mutter als Nahrung

Ein Loch in der Seele deutet auf eine sehr grundlegende und tiefe Störung, leer fühlt sich einer, der nicht genug bekommen hat. Nach allgemeinen psychoanalytischen Gesetzen muß dies ein Mangel sein, der sich nicht auf eine aktuelle Situation bezieht, sondern auf eine sehr frühe: die frühe Mutter hat nicht genug «gegeben», um das Loch zu stopfen. Alle Therapeutinnen und die meisten Neuroselehrbücher thematisieren diese frühe Mutter: sie hat nicht genügend Liebe gegeben, sie ist ein «Gift», von dem man sich (durch Erbrechen) befreien muß, das man nicht in sich hineinläßt (dies betrifft vor allem die Anorektikerin), man muß sich die fehlende Mutterliebe «er-essen». Der Brei, so sagte eine Therapeutin, steht für die «frühe Mutter»: wenn dies das einzige ist, was man essen will, dann er-ißt man sich eine ideale Mutter; wenn man ihn ablehnt, dann lehnt man die Mutter ab.

Hier wird eine neue Metapher eingesetzt: Mutter ist

gleich Nahrung. Der Kampf mit der Nahrung ist gleich der Kampf mit der Mutter. Eine Therapeutin: «Ich kämpfe zuerst gegen den Nahrungstrieb, wenn ich mich zurückhalte, und gegen das Essen, wenn ich es dann später erbreche, das alles ist wie der Kampf gegen die Mutter.» Voraussetzung dafür ist die Ineinssetzung von Nahrungstrieb, Mutter und Essen. «Außerdem kann man bei der Nahrungsaufnahme sich nie vollständig distanzieren wie das bei anderen Suchtmitteln der Fall ist, das heißt: man kann immer kämpfen, das ist eine Verschiebung von der Mutterproblematik her, man muß immer wieder gegen die Mutter kämpfen.»

Die Gleichung «Nahrung gleich Mutter gleich Stopfen eines Loches» ist schnell selbstevident. Gelegentlich wird daher der Sprachgebrauch schon bei der Beschreibung der Mütter auf das Essen hin zentriert. «Schluckende Mütter», «karge Mütter» oder «die Töchter fressen jemanden auf» — wiederum wohl die Mutter oder einen Mutterersatz. Bei den Anorektikerinnen wird von Hoffmann und Hochapfel als eine mögliche Ursache der Störung gesehen: «Die Abwehr des Essens als Kampf gegen den Wunsch nach Verschmelzung mit der Mutterfigur oder als Möglichkeit der Trennung von der Mutterfigur.» Auch hier also die Gleichsetzung von Mutter und Nahrung.

Es ist schwer, sich von der durch den oftmaligen Gebrauch der Metapher suggerierten Evidenz zu distanzieren und den Realitätsgehalt der Metapher anzuzweifeln. Am ehesten gelingt dies, wenn man sich in eine ganz andere Metaphernwelt begibt, etwa in eine alte religiöse, wo die Abwehr der Nahrung etwas mit einer besonderen Erwählung zu tun hat oder mit einer besonders hohen Opferbereitschaft. Asketisch lebende Nonnen und Mönche wurden dementsprechend ganz anders beschrieben.

Wohin aber führt diese Metapher? Sie führt in die frühe Kindheit. Sie führt zu einer Art von Therapie, die sich mit dieser frühen und schlecht versorgenden Mutter in irgendeiner Weise auseinandersetzt. Meist wird ein empathisch-gewährender Therapiestil empfohlen. Kampf um die «gute» Nahrung, kämpferische Abgrenzung von der Mutter sind Themen dieser Therapien. Ihre Funktion ist die der Heranführung an eine andere Art von Autonomie, was ein typisch modernes Therapieziel darstellt.

Betrachtet man die genetische Basis dieser Konstruktionen, dann wird man etwas schwankend in der Beurteilung der immer wieder auftauchenden «Loch»-Metapher und ihrer Abkömmlinge. Tatsächlich ist natürlich meist die Mutter die Spenderin der ersten Nahrung, und – wie eine Spezialistin für eßgestörte Kleinstkinder beim Interview erzählte – diese ersten Fütterungsaktionen können von großem Belang sein für die geglückte oder gestörte Nahrungsaufnahme des Kindes. Es liegt nahe, in diesem ersten «Kampf» mit der nahrungsspendenden Mutter eine Vorform des späteren Kampfes mit der Nahrung zu sehen und Nahrung mit der Mutter in Beziehung zu setzen. Allerdings finden wir längst nicht in allen Familien Eßgestörter irgendeine frühe Störung der Nahrungsaufnahme. Es bedarf oft vieler gedanklicher Verrenkungen, um hier doch noch Verbindungen zu schaffen, die die Metapher «Mutter gleich Nahrung gleich Lochstopferin» aufrechterhalten.

Das Loch und die Sexualität

Da Eßgestörte überwiegend Frauen sind, kann das «Loch» konkretisierend gleichgesetzt werden mit dem weiblichen Sexualorgan. Dies wird auch – ungeachtet der Tatsache, daß es ja auch einige männliche Eßgestörte gibt – ausgiebig getan. Das Essen bedeutet also nicht nur die Hineinnahme der Mutter, sondern auch die Hereinnahme des Gliedes, das Angefülltwerden mit männlichem Samen. Psychoanalytisch ausgedrückt: die «Verschiebung vom Genitalen ins Orale».

Schon bei Otto Fenichel (1945) finden wir in seiner Neurosenlehre in bezug auf die Anorektikerin diese Gleichsetzung angedeutet: Es ist von der «Einverleibung» der Nahrung als Sexualakt die Rede, die verschmähte Nahrung wird als (gefürchteter) «Penis» angesehen. Michael J. Schulte und seine Mitautoren sprechen 1991 von dem «Schlingen und Stopfen, das unbewußte Schwangerschaftsphantasien ausdrückt» oder vom «Rein und Raus in der großen Höhle des Bauches, das viel Spielraum für mehr oder weniger unbewußte Phantasien des Geschlechtsverkehrs» läßt. Auch Hoffmann und Hochapfel (1979) sehen «deutliche Parallelen zum Essen in Form des Insichhineinnehmens von Glied und Samen und das Dickwerden durch Schwangerschaft». «Die Ängste, die andere Frauen davor haben, penetriert zu werden oder schwanger zu werden, bestehen hier gegenüber der Nahrungsaufnahme». Schon der ungarische Freud-Schüler aus den Anfangsjahren der Psychoanalyse, Sándor Rado, sprach im Zusammenhang mit Süchten vom «oralen Orgasmus». Das Thema wird sehr weit ausgedehnt: Essen im Bett als Annäherung an die Intimität der Sexualität, das Fingerin-den-Mund-Stecken als Pendant zur Onanie und so weiter. Die psychoanalytische Begrifflichkeit («Verschiebung als Abwehrmechanismus») liefert hier den logischen Beweis.

Auch hier ist den Phänomenen nicht unbedingt abzulesen, daß Eßstörung und Sexualität in einem engen und eindeutigen Zusammenhang stehen. Die Befragung der sechs erfahrenen Therapeutinnen ergab in diesem Punkt sehr vielfältige und unterschiedliche Antworten. Daß Anorektikerinnen keine Frauen sein wollen, ist zwar meist ziemlich phänomennah deutlich (ist auch dem Bewußtsein meist zugänglich), bei den Bulimikerinnen und den Adipösen aber ist die Beweislage schon schwieriger.

Es wird denn auch sehr Unterschiedliches berichtet über die gelebte oder phantasierte Sexualität der Eßgestörten. Da wird von Bulimikerinnen erzählt, die frigide sind und sich als «reine Engel» phantasieren, von solchen, die promiskuitiv leben, und auch von solchen, deren Sexualität unauffällig ist. Manche Bulimikerin scheint in betonter Weise ihre Weiblichkeit zu stilisieren, manche gibt sich burschikos und eher geschlechtsneutral. Wenngleich Orgasmusfähigkeit, wie manche berichten, oft bewiesen wird, ist die Hingabefähigkeit doch meist gestört. Der sexuelle Mißbrauch in der Kindheit wird von manchen Therapeutinnen betont, von anderen eher als ein mögliches Randphänomen gesehen oder als Verschleierung der Tatsache, daß es sich um andere Gewalterfahrungen handelt, nicht um sexuelle. Adipöse wollen Männer «abschrecken» durch ihren Speck, aber andererseits wollen manche auch «hundertprozentig richtige Frauen» sein. Sie sind oft imstande, sich den Wünschen des Partners völlig unterzuordnen, aber andere wiederum fühlen

sich in ihrer Autonomie beleidigt und bevorzugen Selbstbe-
friedigungspraktiken.

Mit einem Wort: das Spektrum scheint sehr groß, und
wenn auch allgemein betont wird, daß die Sexualität Eßgestörter gestört ist, so wird doch die spezielle Art der Störung
recht unterschiedlich beschrieben.

Die auf den ersten Blick eingängige Formulierung, daß
das «Loch» (Sexualorgan) mit Nahrung statt mit dem ge-
fürchteten Penis gestopft werden muß, läßt sich also nicht
aufrechterhalten, wenn man von den Phänomenen ausgeht.
Wiederum müssen Verallgemeinerungen die Metapher
schlüssig machen.

Drückte man es alltagspsychologisch aus, dann würde man
etwa sagen müssen: Mit dem «Loch» ist irgend etwas nicht in
Ordnung, das Reinstopfen ist in irgendeiner Weise immer
gestört – und sei es nur in der Phantasie, aber der Bezug von
der konkret erlebten Eßstörung zur konkret praktizierten
Sexualität ist sehr uneindeutig. Sehr oft ist die Metapher
schief. Ganz besonders deutlich wird dies natürlich, wenn
man die Eßstörungen von Männern in Betracht zieht.

Allgemeine Überlegungen

Es ist unbestreitbar Freuds Verdienst, etwas, was sonst höchstens Dichtern klar war, nämlich die Tatsache der Symbo-
lisierungsmöglichkeit, die die Seele ganz unbewußt leisten
kann, in präziser und wissenschaftlicher Manier angegangen
zu haben. Daß er recht vorsichtig damit umgegangen ist,
wenn es ums Allgemeine ging, ist bekannt. So hat er allge-

mein «übliche» Symbole (zum Beispiel im Traum) zwar anerkannt, auch öfters benannt, hat jedoch immer wieder auch davor gewarnt, solche Symbole prima vista und vulgärpsychologisch als feststehende zu betrachten. Wichtiger war ihm die Rückführung auf die spezielle und private Lebensgeschichte des einzelnen, weshalb der von ihm berichtete Ausspruch «Eine Zigarre kann auch eine Zigarre bedeuten» nie vergessen werden sollte.

Die Psyche setzt also zweifelsohne häufig zwei verschiedene Dinge ineins und bearbeitet sie auch in einer Weise, als ob sie dasselbe wären. Nur: die Psyche tut dies auf die ihr eigene Art, mit sehr individuellen Konnotationen. Natürlich hat jeder Kulturkreis seine kollektiven Symbolisierungsmöglichkeiten (vermutlich gibt es sogar, wie C. G. Jungs Archetypenlehre behauptet, transkulturelle!), aber verlassen kann man sich darauf im Einzelfall nicht.

Eine Deliteralisierung der Metaphern in den Büchern und Gedanken der Psychoanalytiker muß davon bestimmt sein, daß sie sich – an den Phänomenen entlang – herantasten an die Realität. Die eingängige Vorstellung, es sei ein «Loch» zu füllen, das eigentlich etwas anderes bedeutet, wird längst nicht in allen Biographien und Krankengeschichten gestützt. Geraten phänomenfremde Metaphern in die Vorstellungswelt der Patientin, könnte Verwirrung entstehen, weil die nicht erlebte Metapher nur allzuleicht zu einem nur-intellektuellen Spiel verführt, bei dem sich nichts ändert.

Es kann nicht übersehen werden, daß gerade bei den als «frühen Störungen» eingestuften Phänomenen die Ätiologie meist recht uniform und abstrahierend beschrieben wird. Konflikte zwischen Abhängigkeit und Autonomie, eine unbefriedigende Beziehung zur Mutter, Angst und Sehnsucht in bezug auf Symbiose: das alles sind, folgt man den Lehrbüchern, recht gleichlautend die «Ursachen» sowohl für Neurodermitis als auch für Alkoholabhängigkeit, als auch für Asthma oder Fernsehsucht. Daß Probleme mit der Sexualität, schwierige Beziehungen zur Mutter vorherrschen, läßt sich aber ebenso als ein ubiquitäres Phänomen psychisch Gestörter einstufen wie die allgegenwärtige Schwierigkeit, sich auf Beziehungen wirklich voll einzulassen. Vieles davon wird in soziologisch-psychoanalytischen Arbeiten (zum Beispiel das 1979 erschienene Buch «The Culture of Narcissism» von Christopher Lasch) als Ausdruck einer modernen Verfaßtheit des Menschen ganz allgemein gekennzeichnet.

Die gängigen Eßmetaphern sind aber natürlich nicht nur im intimen Feld der Therapie allgegenwärtig, sondern auch schon seit langem im Alltagsbewußtsein. Der «Kummerspeck» genießt weithin einen erfreulichen Ruf. Das «Essen statt Liebe»-Thema wird publikumsträchtig in Filmen, TV-Spots und Büchern verbreitet. Diese Verallgemeinerung von Metaphern ist ein wichtiges Vehikel der Diskursivierung. In unserer psychologiekundigen Zeit wirken diese Metaphern sehr stark auch auf den einzelnen ein. Es ist nicht ausgeschlossen, ob sich nicht auch auf diesem Weg eine ganze Reihe von Eßstörungen bildet: wo früher der Ausweg aus innerer Problemlage in anderen Formen gesucht wurde (zum Beispiel in den halluzinatorischen Verzückungen der Heiligen), bietet sich über die bekannte Metapher ein neuer Weg an. Das Essen ist sicherlich etwas so Basales (Freud hat da neben der Defäkation und der genitalen Vereinigung einen wichtigen Fixpunkt getroffen), daß es sich ganz besonders gut zur Diskursivierung und damit auch zur Metaphorisierung eignet. Damit aber ist es auch gut geeignet zur Darstellung seelischer Nöte. Die jeweilige historisch gewachsene Metaphernwelt ist das Zentrum des psychischen Erlebens. Dasjenige aber, was wir im großen Strom des seelisch bewußten und unbewußten Erlebens hervorheben, ist geprägt von diesem Kosmos der gerade gängigen Metaphern.

Was von Georges Devereux als «ethnische Störung» bezeichnet wurde, findet hier seinen Platz. Die über entsprechende Metaphern verbundenen Phantasien über den Zusammenhang von «Essen – mütterliche Liebe – Sexualität» produzieren diesen Zusammenhang immer wieder aufs neue. Ob er «stimmt» oder nicht, kann nicht geklärt werden: es ist die Frage nach der Priorität von Ei oder Henne. Wichtiger ist, daß es diesen Zusammenhang als ein allgemeingültiges Metaphernsystem gibt und daher «geeignet» ist als Ausdrucksfeld für eine Reihe von in sich offensichtlich heterogenen Phänomenen. Wo sich eine Adipöse mit Heißhungeranfällen als «sexuell liebeshungrig» bestimmt, da ist eben tatsächlich der Platz geschaffen für den Ausdruck ihrer unbefriedigten Sehnsucht durch das Essen. Diejenige, die ihre Mutter haßt, kann sich der Nahrung verweigern oder sie besonders gierig (als Ersatzbefriedigung) verschlingen. Die Nahrungsaufnahme bietet also ein großes symbolisches Terrain für unterschiedlichste Probleme, sofern sie eben als ein bedeutendes Feld entdeckt und problematisiert ist. Damit in Zusammenhang steht natürlich auch die Tatsache, daß die Form der Diskursivierung heutzutage einen ganz bestimmten Typus annimmt: den des Essers, der sein «wahres Selbst» finden kann.

«Sind Singles glücklich
oder unglücklich?»

Als ich vor zehn Jahren an-
fing, mich mit Singles, ihrem Alltag, ihrer Lebensplanung
und ihrer inneren Befindlichkeit zu befassen, schien das
Thema noch wenig relevant. Inzwischen sind Single-Statisti-
ken, Single-Berichte in einschlägigen Journalen, empirisch-
quantitative Studien, theoretische Überlegungen und ganze
Bücher über Singles en vogue. Meine eigenen Reflexionen
entstammen Gesprächen mit Singles der Mittelschicht, die
ich in meinem 1992 erschienenen Buch «Ich sag mir selber
Guten Morgen» detailliert geschildert habe.

Je mehr Zeit seit meinen Gesprächen vergeht, desto klarer
wird mir, warum das Single-Phänomen so genau ins Zeitbild
paßt und warum der beiläufig getane Ausspruch von Ulrich
Beck und Elisabeth Beck-Gernsheim, Singles seien «Pioniere der Moderne», nicht nur im soziologischen, sondern
auch im psychologischen Sinn außerordentlich treffend ist.

Es wurde mir immer klarer, daß hier eine Lebensform
verwirklicht ist, die typische Konfliktstellen und Eigenarten
der Moderne aufzeigt; eine Lebensform, die – um das zentrale Thema gleich zu benennen – den Konflikt zwischen
dem Wunsch nach Autonomie und dem nach Intimität in
einer besonders klaren, oft auch schmerzlichen Weise aus-

drückt. Singles sind in besonderem Maße Menschen, die Strategien entwickeln müssen, um mit diesem Konflikt fertig zu werden.

Der Ton, in dem über Singles gesprochen und geschrieben wird, drückt diesen Konflikt in prägnanter Form aus. Einerseits ist er mitleidig, ja sogar moralisch vorwurfsvoll. Die wachsende Zahl der Singles bereitet manchen Sorge: den wirtschaftlich Denkenden, weil es offenbar schwierig ist, für die vielen Alleinlebenden Wohnraum zu beschaffen, weil ein solcher Ein-Personen-Haushalt auch sonst kostspielig ist und in Zeiten wachsender ökonomischer Bedrängnis ein volkswirtschaftliches Problem entstehen könnte. Den psychologisch Interessierten gibt die «Vereinzelung» schon lange zu denken: Narzißmus, Egoismus, sinkende Kinderzahl – das etwa sind die Assoziationen. Wird, so fragt zum Beispiel Claudia Szczesny-Friedmann in ihrem Buch «Die kühle Gesellschaft», die Welt nicht immer mehr verarmen durch den Narzißmus der Singles, die den sowieso herrschenden Kältestrom in unserer Gesellschaft noch um einige Grade abkühlen, wenn sie sich nicht dem sozusagen wärmenden Bad von Ehe und Familie zuwenden? Zeigt der Single-Trend, so wird gefragt, eine neue, der Partnerschaft abträgliche, Signatur? Sind Singles Anzeichen einer neuen Lebensform, die die Partnerschaft eventuell zu ihrem Nachteil verändert? Politisch Denkende überlegen besorgt, wie eine Gesellschaft beschaffen sein muß, die diese vielen Singles politisch einbinden kann. Sind sie es vielleicht, die nicht mehr ohne weiteres bereit sind, ihre «Stammpartei» zu wählen, sondern flexibel, den jeweiligen Gegebenheiten entsprechend, sich entscheiden? Unternehmen wiederum fragen sich, ob sie auch wirklich die richtigen Produkte für diese große Zahl an Singles herstellen? Und gar die Theologen: Erfüllen Singles wirklich den gottgewollten Plan, daß der Mensch nicht alleine sein solle?

Singles – diese sich anscheinend seuchenartig ausbreitende Bevölkerungsgruppe, sind in dieser Perspektive kalt, egoistisch, herzlos, narzißtisch oder – die milde Variante – arm, einsam, frustriert, liebeshungrig, aber kontaktunfähig.

Andererseits ist der Ton, in dem über Singles gesprochen und geschrieben wird, beschwingt von idealisierender Hochstimmung, so als wüchse damit ein neuer Menschenschlag heran, der den übrigen Menschen den Weg weisen kann. Solcher Single-Enthusiasmus durchzieht Bücher von Tobias Brocher, Norbert Copray, Jürgen vom Scheidt, Ruth Zenhäusern und anderen.

Fragen, Probleme, Sorgen und Hoffnungen, die – ob berechtigt oder nicht – alle danach verlangen, daß diese Lebensform, die in letzter Zeit stark zunimmt (in Großstädten angeblich schon fast die Hälfte aller Gemeldeten), analysiert, das heißt auseinandergenommen und auf ihre sozialen und psychischen Hintergründe hin befragt wird.

Natürlich ist Single nicht gleich Single und: man ist es nicht unbedingt auf Lebenszeit. Das aber heißt: man ist es oft in Zusammenhang mit der ebenfalls stark geänderten Form der Ehe oder Partnerschaft.

Ich habe in meiner Single Forschung mit Tiefeninterviews festzustellen versucht, wie der Alltag gemanagt wird, welche Beziehungsformen sich herauskristallisieren und in welcher Weise man eventuell als alleinlebende Person seine Wertvorstellungen ändert. Ich habe mich dafür interessiert, in welcher Weise sie die «wunden Punkte» des Single-Lebens – Ferien, Familienfeste, Wochenenden – gestalten, warum sie allein leben. Natürlich mußte ich mir auch überlegen, wer denn eigentlich ein Single ist und welche Folgen es haben könnte, ob einer freiwillig oder unfreiwillig in diesen Status hineingerät.

Es gibt keine exakte Definition des Single-Status. Vom *juristischen* Standpunkt aus war es bis vor kurzem eindeutig: Single, das ist eine unverheiratete Person. Seit einiger Zeit gibt es Gerichtsurteile, die auch die nichteheliche Lebenspartnerschaft als juristisch existent ansehen und damit verschiedene Konsequenzen verknüpfen. Man könnte den Single-Status auch *ökonomisch* definieren. Danach ist Single eine Person, die allein im Haushalt lebt und daher bestimmte volkswirtschaftlich relevante Güter (Wasser, Strom, Wohnraum) für sich verbraucht und daher «teuer» ist, was wiederum mit höheren Steuern abgegolten werden muß.

Man kann aber auch *psychologische* Kriterien heranziehen bei der Definition dessen, wer ein Single ist – und dies habe ich getan. Es gibt dabei natürlich eine «Grauzone», wie es bei psychologischen Definitionen unvermeidlich ist.

Als Single bezeichne ich einen Menschen, der seinen Alltag allein organisiert und ohne einen permanenten Bezug zu einem Partner lebt, mit dem er (zumindest in seiner Phantasie) auch über lange Zeit zusammenleben möchte. Es wurden also vom Single-Status ausgeschlossen Menschen, die in einer Partnerschaft leben, aber durch räumliche Trennung ihren Alltag meist allein organisieren (Wochenendehen), ebenso wurden ausgeschlossen Menschen, die mit kleinem Kind allein leben, und auch Personen in Wohngemeinschaften. Es scheint mir, daß die Alltagsprobleme dieser per definitionem ausgeschlossenen Personen doch in vieler Hinsicht anders gelagert sind als die der «psychologisch echten» Singles. Natürlich gibt es dabei «Übergangserscheinungen» – zum Beispiel jene Frau, die allein lebt, aber einen Freund in einer weit entfernt liegenden Stadt hat, mit dem sie sich alle zwei bis drei Wochen trifft. Oder jener Mann, der als Schwuler einen Freund hat, mit dem er nicht zusammenlebt und den er ganz explizit nicht als einen «Lebenspartner» ansieht.

Mit der «Freiwilligkeit» der Lebensform Single bekam ich im Laufe der Zeit Probleme. In anderen Untersuchungen über Singles, die mit halbstrukturierten Interviews befragt wurden (und nicht mit Tiefeninterviews), waren eher die bewußtseinsfähigen Anteile des inneren Erlebens ins Visier gekommen. Dort war das Kriterium «freiwillig» oder «unfreiwillig» wichtig gewesen. Bei mir, die ich mit psychoanalytisch orientierten Tiefeninterviews arbeite, verwischte es sich immer mehr, je näher ich an die von mir befragten Personen herankam. Was heißt schon «freiwillig», sagte ich mir dann, und überlegte mir den Lebensweg einer Frau, die dezidiert als «freiwilliger» Single gelten wollte, sich aber offensichtlich – geprägt durch ein harsches Schicksal –, letztlich von der allzu vertrauten Nähe eines anderen Menschen nur Schlimmes versprechen konnte und daher jeden möglichen Partner schon im Vorfeld abblitzen ließ. Tut sie dies wirklich freiwillig? Oder jener Mann, der darüber klagte, daß er «unfreiwillig» Single sei und auf jeden Fall mit Familie rechne. Er hängt zum Beispiel die Latte für Schönheit und Glanz seiner Zukünftigen so hoch, daß er unbewußt, aber doch gezielt das Eheglück geradezu vermeidet. Also ist bei Singles der «Freiwilligkeitsstatus» in jedem Einzelfall höchst unsicher.

Bei keinem der von mir Befragten gab es den geringsten *äußeren* Grund, warum er oder sie nicht in einer Partnerschaft leben sollte – viele hatten es ja auch schon vor ihrer Single-Existenz getan.

Welche Phänomene sind mir bei meiner Erforschung der Singles vor allem in die Augen gesprungen? Nun, zuallererst eines: daß es sich bei Singles meist nicht um eine als defizitär empfundene Lebensform handelt, daß also die meisten Singles ihr Leben – bei allen Problemen, die sie haben – in vielen Aspekten als etwas Positives, als etwas, das viele Chancen bietet, empfinden. Dies war vor nur einer Generation offensichtlich anders – wenn wir der Belletristik trauen können, die uns in der Frage von Lebensformen ja bekanntlich die besten Beispiele liefert. Natürlich trägt zu diesem Gefühl des Nicht-Defizitären die heute erreichte gesellschaftliche Akzeptanz erheblich bei: man muß sich weder schämen noch verantworten, wenn man alleine lebt. Es scheint mir aber das Gefühl des «Nicht-Defizitären» nicht nur dieser Akzeptanz allein geschuldet zu sein. Was also hat sich geändert am allgemeinen Lebensgefühl, so daß das Alleinleben einen anderen Stellenwert erhalten hat, als dies noch vor einigen Jahrzehnten der Fall war?

Die Betrachtung moderner Lebensformen sollte vor den psychologischen sowohl historische als auch soziologische Perspektiven wählen, damit die Relationen stimmen. Es versteht sich von selbst, daß in meine Untersuchung nicht nur die «ewigen» Singles einbezogen wurden, sondern vor allem auch solche, die zum gegenwärtigen Zeitpunkt nach einer

Partnerschaft allein leben, ohne daß eine neue Partnerschaft unmittelbar bevorsteht. Es handelt sich also – wie auch in den Statistiken zur Single-Gesellschaft – um sehr viele Menschen, die eine längerdauernde Partnerschaft schon kennen.

Historische Perspektive

In großen Massen unverheiratet zu leben ist beileibe nichts Neues. Bis weit ins 19. Jahrhundert hinein war es in ländlichen Gegenden kaum der Hälfte aller Menschen vergönnt, eine eigene Familie zu gründen. Der Grund dafür lag in der Armut: der kärgliche Lohn eines Knechtes oder eines Gesellen war meist nicht ausreichend für den Unterhalt einer größeren Familie. Man lebte allerdings nicht alleine, sondern im Familienverband des Arbeitgebers oder – wenn es sich um arme Verwandte handelte – im Haushalt der reicheren Verwandten, was aber eigentlich das Gleiche bedeutet: man arbeitete im Haus oder im Gewerbebetrieb mit wie Knechte oder Mägde und lebte dort unter meist sehr bescheidenen Umständen.

Allerdings: da so viele Menschen nicht in einer intimen Partnerschaft und in der eigenen Familie lebten, da außerdem die vorbürgerliche Partnerschaft längst nicht in derselben Weise wie heute gefühlsmäßig aufgeladen war, ist es sehr wahrscheinlich – und wird von den Zeugnissen der Belletristik und von Lebensbeschreibungen gestützt –, daß die Sehnsucht nach der Intimität der Partnerschaft, nach Geborgenheit in der Familie sich nicht in der uns gewohnten Art und Weise als psychisches Phänomen zeigte. Unsere Sehn-

121

süchte und Begierden sind variabel, scheinbar zutiefst «menschliche» Wünsche erweisen sich als relativ – den Umständen und der Zeit entsprechend. Dies sollte man immer im Auge behalten, wenn man moderne psychologische Erkenntnisse über den Menschen als scheinbar invariable dargestellt bekommt.

Allein lebten allerdings vom Mittelalter bis ins 19. Jahrhundert nur Menschen, die irgendwie außerhalb der Gesellschaft standen: Heilkundige, Weise, Eremiten, Sonderlinge, Ausgestoßene. Es war in den meisten Zeiten der europäischen Geschichte zu gefährlich, allein zu leben. Aber auch als die Zeiten ruhiger wurden, herrschte in den meisten Schichten so große Armut, daß das Alleinleben einfach zu kostspielig war.

Singles in unserem Sinne also gab es nicht.

Soziologische Perspektive

Was ist das Besondere an den modernen Singles?

Zwei eher äußerliche Fakten sind vor den Überlegungen, wie es denn mit den Singles heutzutage aussieht, wichtig:

1. Die statistischen Zahlen über die Singles sind recht schwer zu erheben, mit Sicherheit stimmen sie so, wie sie interpretiert werden, nicht. Man weiß nämlich einfach nicht, wie viele Singles es gibt, weil man in den großen Städten – den Hochburgen der Singles – immer nur die Ein-Personen-Haushalte zählt. Die modernen Zeiten bringen es mit sich, daß der vielen Ehen ohne Trauschein wegen sehr oft nur ein Partner beim Wohnungsamt gemeldet ist oder daß dort, wo

nur einer gemeldet ist, sich eine WG aufhält: Viele Familienwohnungen andererseits werden nur noch von einem bewohnt, obwohl zwei gemeldet sind – Scheidung oder Trennung sind noch nicht so weit perfekt, daß man auch die nötigen amtlichen Schritte unternommen hat. Von derartigen Erhebungshindernissen gibt es noch eine ganze Reihe.

2. Man ist natürlich nicht Single auf Lebenszeit. Nicht nur junge Leute, die noch im «Wartestand» für eine künftige Partnerschaft leben, oder verknöcherte Junggesellen sind es, die die große Zahl der Singles ausmachen. Es sind – hervorgerufen durch die modernen Zeitumstände – die vielen Menschen, deren Partnerschaft nach einigen Jahren nicht mehr heilend oder herzerwärmend ist, die zwar zur Zeit allein leben, aber durchaus in der mehr oder weniger vagen Absicht, sich irgendwann noch einmal zu binden. Es sind also sehr viele Menschen unter den Singles, die zwischen zwei Partnerschaften leben. Singles sind keine festgefügte Gruppe, sondern eine variable. Ihre Zahl mag immer etwa gleich bleiben, sich sogar vergrößern, aber man tritt in diese Gruppe der Singles nicht ein wie in einen Sportverein, sondern man ist einige Zeit drin und dann wieder draußen.

Schon aus diesen beiden Gründen ist es unsinnig, den Singles bestimmte Persönlichkeitsmerkmale zuzuschreiben, Etiketten, die an ihnen haften bleiben. Singles sind keine verbitterten Alm-Öhis oder sitzengebliebene Jungfern. Singles verkörpern die Variationsbreite des modernen Menschen in allen Schattierungen, weil ihre Lebensform ebenso variabel ist, wie es die moderne Gesellschaft verlangt. Damit aber sind wir schon bei den Ursachen für die so stark angewachsene Zahl der Singles. Was sind diese?

Die Soziologen Ulrich Beck und Elisabeth Beck-Gernsheim bezeichnen Singles, wie schon gesagt, als «Pioniere der Moderne». Sie meinen das im gesellschaftlichen Sinne. Ich möchte zeigen, daß dies auch im psychologischen Sinne zutrifft.

Warum «Pioniere»? Das Soziologenpaar meint damit, daß eine hohe Flexibilität, die die moderne industrielle Welt von den Arbeitnehmern verlangt, eine variable Einsatzfähigkeit im Verein mit der Emanzipation der Frau, der Partnerschaft im alten Sinn nicht günstig ist. Zwei persönliche Biographien und zwei Arbeitsmarktbiographien müssen nun gekoppelt werden. Der «vollmobile Single» ist das Ideal der modernen Arbeitswelt. Die «Normalbiographie» wird durch die «Wahlbiographie» abgelöst, Mann und Frau sind nun relativ frei, ihren Lebenslauf zu bestimmen: mit oder ohne Kind, mit zeitweiliger Partnerschaft, mit verschiedenen Partnern, mit häufigem Berufswechsel, mit verspätetem Studium und natürlich auch ohne Partnerschaft – zumindest längere Zeit hindurch. Diese heute mögliche Flexibilität wirkt sich für längerdauernde Partnerschaften oft ungünstig aus. Solange Frauen bereit waren, Umzüge, Aufstiege, Umorientierungen mitzutragen, und die Familie zusammenhielten, ging es noch einigermaßen gut. Mit zunehmender Emanzipation aber fiel in vielen Partnerschaften diese Art von Frauen-Loyalität weg – Frauen machen sich sehr oft selbständig. Von der gesellschaftlichen Notwendigkeit her gesehen sind die Zwänge der Partnerschaft nun gelockert – wenngleich natürlich nicht ganz aufgehoben, so zum Beispiel wenn kleine Kinder da sind. Singles sind diejenigen, die am flexibelsten einsetzbar sind, deren Lebensumstände ohne große

Probleme geändert werden können – zumindest ohne große Probleme äußerlicher Art.

Der moderne Single ist nicht mehr ein defizitärer Mensch, sondern einer, der – auch infolge des Reichtums unserer Gesellschaft – seinen Status jederzeit wieder ändern kann, es aber nicht muß; einer, der seine Biographie wählen kann und nicht eingezwängt ist in den früher «normalen» Ablauf von Jugend, Ausbildung, Beruf, Heirat, Kinderkriegen, Altersehe, Tod. Alle Abschnitte sind beweglicher geworden, Übertretungen der «Normalbiographie» werden nicht mehr geahndet, in manchen Schichten ist sogar das Gegenteil üblich. «Was, du bist noch immer verheiratet? Mit derselben Frau? Erstaunlich!» So hörte ich unlängst zwei alte Bekannte sich begrüßen, und das Erstaunen klang nicht nach Bewunderung, im Gegenteil.

Der Single männlichen und weiblichen Geschlechts ist nicht unbedingt auf Dauer Single, aber er wartet auch nicht darauf, nun «um jeden Preis» wieder als Paar zu leben. Dies betrifft noch mehr die Frauen als die Männer: Geschiedene Frauen heiraten seltener wieder als geschiedene Männer – vorausgesetzt, sie haben einen qualifizierten Beruf. Sind sie berufslos oder unqualifiziert, dann allerdings versuchen sie möglichst schnell, wieder in einer Ehe unterzuschlüpfen. Obwohl uns die Statistiken darüber nichts sagen können, ist man versucht zu interpretieren: sie steuern den sicheren Ehehafen an, auch wenn's beileibe nicht ihr Traumprinz ist, sondern vielleicht nur der brave Rentner, der ihre Versorgung sicherstellt.

Männer, so sagt die Statistik, sind in der Altersgruppe der Dreißig- bis Fünfzigjährigen etwas öfter Singles als Frauen.

Diese alleinlebenden Männer sind aber beruflich oft nicht so qualifiziert wie die Frauen, und einige von ihnen kommen mit dem Single-Leben nicht gut zurecht: sie sind häufiger krank, haben eine geringere Lebenserwartung, verfallen öfter dem Alkohol. Für Frauen gilt dies nicht. Natürlich sagen über die Realität des Single-Lebens Statistiken nicht gar so viel aus. Man muß sich dann schon auf die psychologische Ebene begeben und mit den Singles selbst sprechen.

Psychologische Perspektive

Die Alleinlebenden sind keine bestaunenswerten oder bemitleidenswerten Einzelgänger mehr, sie sind aber auch nicht mehr aufgehoben im noch immer funktionierenden Familienkreis oder gar im Kreis der Arbeitgeber. Singles leben allein und können sich das auch leisten. Das alles aber bedeutet eine psychische Neuorientierung und auch eine psychologische Umorientierung in bezug auf das Alleinleben.

Diese Neuorientierung ist sicher nicht unabhängig von der historisch-sozialen Seite, hat aber natürlich auch ihre Eigendynamik. Daß diese moderne Lebensform auch innerpsychisch anders repräsentiert wird als noch vor hundert Jahren, hat Gründe, die allgemein mit dem Funktionieren der (modernen) Psyche selbst zu tun haben: es handelt sich um eine Neubewertung des Problems der menschlichen Autonomie im Kontrast zur Forderung und zum Verlangen nach intimen Bindungen sowie um eine erhöhte Anforderung an Selbstreflexion.

Moderne Singles sind sich bewußt, daß sie mehr oder weniger ohne Vorbild leben müssen, sie merken in besonderer Weise, daß Rollenvorgaben schwinden. Sie drücken dies auch immer wieder sehr klar aus, wenn man etwa nach ihrem Alltag fragt. Dieses Nach-innen-Schauen und Sehen, was man eigentlich möchte, ist das Feld der modernen Psychologie. Sie ermöglicht und begleitet diese Innenschau. Zu erfühlen, was man eigentlich braucht, die wahren Bedürfnisse zu suchen und danach zu handeln, ist natürlich in einem hohen Maß abhängig von hilfreichen psychologischen Konzepten. Die hohe Akzeptanz psychologischer Literatur zeigt, wie bedürftig Menschen heute sind, sich mit Hilfe dieser Konzepte innerlich ihrer selbst zu vergewissern. Man kann sein Innenleben ohne Konzepte nur sehr schwer beschreiben, wir brauchen immer Konzepte, nach denen wir uns richten.

Die moderne Psychologie stellt uns Konzepte bereit, die uns helfen, unser Innenleben zu bewältigen, damit umzugehen, Handlungsmöglichkeiten zu finden. Diese Konzepte machen unser inneres Leben überschaubar. Ob ich in eine Therapie gehe, ob es für mich wichtig ist, daß ich jetzt mit meiner Freundin rede und ähnliches, ist immer in engem Zusammenhang zu sehen mit dem, wie ich mich selbst deute. In den Zeiten, als die Ohrenbeichte noch ein Instrument für die breiteren Schichten war, gab es natürlich ganz andere Konzepte, um das Innenleben zu beurteilen, aber auch da hat es sie gegeben. Es waren Konzepte religiöser Art, oft stark mit moralischen Forderungen verbunden, die man dem theologisch-moralischen Arsenal der Kirchen entnommen hatte.

Selbstdeutungen begleiten das Leben der Alleinlebenden in besonders ausgeprägter Form. Wenn man gar keine oder sehr wenige Rollenvorgaben hat, ist es notwendig, eigene Selbstdeutungen immer wieder neu auszuprobieren.

Wie stellt sich dies nun in der Realität des Alltags dar? In welcher Form treten diese Probleme bei den Singles selbst auf? Was sind ihre wichtigsten Kennzeichen und welche psychischen Mechanismen wirken hier zusammen?

Es manifestieren sich diese Probleme am deutlichsten in vier Bereichen, die ich benennen möchte:

das Problem der erhöhten Bewußtheit,

das Problem des inneren Dialogs,

das Problem der Balance von Progression und Regression,

das Problem der Einsamkeit.

Das Problem der erhöhten Bewußtheit

Damit kennzeichne ich die Tatsache, daß Singles, sofern ihr Leben befriedigend verlaufen soll, sich in sehr viel stärkerer Bewußtheit als andere um die Organisation ihres Alltags bemühen müssen. Die gewohnten Delegationen ihres Alltags funktionieren nun nicht mehr, sie sind nun selbst verantwortlich für das eigene Leben. Das wird zuerst oft als ein ziemlich unangenehmer Zustand beschrieben, als ein Druck, der dauernd auf dem Leben liegt. Dies kann sehr unterschiedliche Areale des Alltags betreffen: die Wohnungseinrichtung, die Geselligkeit, das Kochen oder die Gestaltung der Ferien. Nichts wird einem abgenommen, alles muß geplant werden. Dieses Planen erzeugt bei vielen zuerst einmal das Gefühl, es sei eine gewisse Leichtigkeit verlorengegangen, als sei nun das Leben sehr viel ernster geworden. Erst jetzt wird klar, wieviel man an den Partner delegiert und wie wenig man sich darum gekümmert hatte, welche Bedürfnisse man wirklich selbst hat und wo man nur den Bedürfnissen des Partners nachgelebt hat. Vor allem Frauen machen dann oft einen sehr schwierigen Prozeß der Bewußtwerdung durch – sind doch Frauen ab Mitte Vierzig sehr oft noch immer in recht eingeschränkten Rollenklischees erzogen worden und haben dabei Anpassungsstrategien entwickelt, die sie nun «verlernen» müssen. Viele von ihnen berichten, daß sie zuerst einmal gar nicht wußten, was sie eigentlich wollten: Sollte ihre Wohnung wirklich nur aus Stahl-und-Glas-Konstruktionen bestehen, oder hätten sie nicht immer schon lieber kuschelige Teppiche gehabt? War ihnen das ausgedehnte Vier-Sterne-Essen tatsächlich ein Bedürfnis gewesen, oder hatte es ihnen nicht jedesmal leid getan, so viel Geld zu verschleudern, wo sie doch eigentlich schlichte Omeletts und Salate sehr viel bekömmlicher gefunden hätten? Und: War man wirklich so versessen gewesen auf große Parties?

All dies sind Fragen, die sich nun neu stellen und oftmals – zur Überraschung der Singles – ganz anders zu beantworten sind, als man das in ehelichen Zeiten vermutet hätte. Das bewußte Leben und Planen setzt natürlich voraus, daß man auch mehr Bewußtsein über seine eigenen Bedürfnisse erlangt. Sehr oft hat man seine eigene Entwicklung gar nicht mitbekommen, oder man war eben so beschäftigt mit Anpassungsstrategien, daß man vergessen hat, sich weiterzuentwickeln.

Um seine Bedürfnisse kennenzulernen, ist es nötig, sich selbst Zeit zu lassen, sich immer wieder in Ruhe hinzusetzen und nachzuspüren, was denn eigentlich «gerade dran» ist. Um sich sein eigenes Leben aufzubauen, braucht es, wie mir fast alle Singles erklärten, lebendige Phantasie. Nun kann man nicht mehr einfach an den Partner denken, wenn einem nichts Rechtes einfällt. Man muß ein Problem – zum Beispiel den Kauf eines Möbelstücks – sozusagen von innen heraus anpeilen – und dies braucht mehr «präzise Phantasie» (wie eine meiner Interviewpartnerinnen sagte), als sie vorher gedacht hatten. Die meisten empfanden es, trotz aller Schwierigkeiten, als sehr befriedigend, sich nun in ganz anderer Weise als früher mit sich selbst und den eigenen Bedürfnissen zu befassen und danach zu handeln.

Die Bewußtheit als eine wichtige Dimension des Sichwohlfühlens in der Welt ist selbstverständlich nicht nur für Singles ein erstrebenswertes Ziel. Natürlich ist jeder partnerschaftlich Lebende in gleicher Weise aufgefordert, nicht gegen seine eigenen Bedürfnisse zu leben – vermutlich wäre manche Ehe noch heil, wenn beide Partner sich dies gestatten könnten. Es scheint aber, daß man in der Partnerschaft oft für sehr viel längere Zeit gleichsam in seelischer Faulheit dahinleben kann: sich auf den anderen verlassend, nicht bedenkend, ob das Alltagsleben nicht schon längst zur öden Routine erstarrt ist. Viele Ehen zerbrechen bekanntlich daran. Das Leben als Single bringt eine solche seelische Faulheit sehr kraß zutage – und die meisten Singles wissen, daß ihnen hier eine Chance geboten wird. Daß da auch Fallstricke liegen, daß man sich verzweifelt danach sehnen kann, ein anderer möge einem Entscheidungen abnehmen: das steht auf einem anderen Blatt. Selten bleiben einem Single solche Momente des Kummers erspart. Hat er aber diese Fallstricke erkannt und weiß er, daß man ihnen immer wieder ausweichen kann: dann hat er für sein Leben viel gewonnen. Er hat dann, sofern sich eine solche Möglichkeit wieder bietet, auch für eine künftige Partnerschaft bessere Chancen.

In diesem Aspekt des Single-Lebens erkennen wir etwas, was in der Diskussion um das «postmoderne Subjekt» immer wieder thematisiert wird: die selbstreflexive Lebensgestaltung, die sich nicht mehr an vorgegebenen Normen orientiert und daher Identitäten über dauernde Identitätsbrüche schafft. Diese Identitätsbrüche sind Teil des Identitätsausbaus und müssen in der Selbstreflexion immer wieder sorgfältig untersucht werden. Das Normengerüst in der Partnerschaft ist zwar ebenfalls gebrochen, es gibt aber im Paarleben doch mehr an gemeinsamen und nicht so schnell zu hinterfragenden Delegationen und Abmachungen über die gemeinsame Weltordnung. Singles müssen ihre Normen und daraus resultierend ihre Verhaltensweisen sehr viel eher und öfter zur Disposition stellen. Dies macht offensichtlich Reiz und Schwierigkeit des Lebens ohne festen Partner aus. Was so gut wie alle Befragten als Chance und als Problem empfunden haben, ist die Aufforderung, die an Singles ergeht, irgendwie «erwachsener» zu werden. Denn: bewußte Planung des Lebens ist ein Zeichen des Erwachsenseins. Das Kind lebt spielerisch, mehr oder weniger planlos: die Dinge ergeben sich von selbst. Dem einigermaßen gesunden Kind gelingt dieses spielerische Leben ohne Angst – eine notwendige Lebensform vor dem «Ernst des Lebens», eine Zeit, in der die Phantasie vorherrscht, in der in spielerischen Probehandlungen ausprobiert wird, was man kann und was man nicht kann. Beim Erwachsenwerden aber holt uns unsere Fähigkeit ein, in die Zukunft vorausdenken zu können. Solche nur-spielerischen Phasen können und sollen wir nicht lange angstfrei erleben. Sie sind Ausnahmesituationen: dauern sie zu lange, stellt sich Angst ein. Strukturierung des Alltags und Bewußtheit über die jeweils vorherrschenden inneren Bedürfnisse aber sind die dem Erwachsenen möglichen Strategien zur Angstbewältigung. Sie zielen auf das, was jede Psychotherapie erreichen will: auf den bewußten Umgang mit dem inneren Leben, auf das Erfühlen von Ängsten, die vorerst unter der Schwelle des Bewußtseins liegen und die – bewußtgemacht – sich sehr viel besser meistern lassen. Man muß nicht immer in Therapie gehen, um dies zu erreichen. Man kann – sofern man technisch herangehen will – auch Meditationsübungen bemühen. Den meisten aber genügt es wohl, in Ruhe über sich und ihre Ängste nachzudenken, wenn sie sich befreien wollen. Singles sind, wie schon dargelegt, aus gesellschaftlichen Gründen befreit von dem Druck, ihre Situation unter allen Umständen ändern zu müssen, und sie wollen dies auch meist nicht sofort. Ihre Situation aber verlangt diese immer wieder neue Bewußtmachung von Bedürfnissen (und daraus hervorgehenden Plänen), die von Angst befreien können. Diese ständige Bewußtmachung ist aber auch – und da wurzelt der Konflikt – mühsam und oft nur unter Schmerzen zu erreichen. Mit einem Partner zu leben erlaubt ohne allzu große Angstentwicklung ein Mehr an «Laufenlassen», das heißt aber oft auch: ein Mehr an Verdrängung. Dies natürlich nur bis zu einem gewissen Grad. Alleinleben heißt: sich inneren Wahrheiten stellen zu müssen, als wäre man in einer fortlaufenden Therapie – nur dann gelingt dieses Alleinleben. Genau dies aber ist es, was Singles immer wieder erleben und als – mühsame und lohnende – Aufgabe vorfinden: Selbstreflexion in Permanenz.

Das Problem des selektiven Dialogs

Seelisches Leben entfaltet sich in besonders bedeutsamer Weise beim Sprechen. Sprache, Wahrnehmung, Gefühle – das sind untrennbare Einheiten. Schon der Säugling kann die Stimme der Mutter ganz klar von derjenigen anderer Personen unterscheiden, er reagiert mit Beruhigung, wenn die Mutter ihn anspricht. Worte sind wichtige Stützpunkte für das Gedächtnis und natürlich für die gesamte Entfaltung der Intelligenz.

Menschen erfahren die Welt als sprechende Wesen. Im Gegeneinander von Meinungen, im Austausch von Wahrnehmungen und Ideen entsteht ein Weltbild. Ist jemand erwachsen, dann muß er nicht dauernd (wie ein Kleinkind) wirklich mit anderen sprechen: der äußere Dialog kann teilweise durch einen inneren ersetzt werden – meist aber ist auch ein Monolog ein verkappter Dialog. Was immer man denkend spricht: man adressiert es meist an eine imaginäre Person oder an imaginäre Personen.

Im Gespräch formt sich eine gemeinsame Weltsicht, im Gespräch werden Werte und Rangordnungen festgelegt.

Hat man einen Lebenspartner, dann ist meist dieser der äußere und innere Dialogpartner. Den Verfall einer Ehe kann man auch daran erkennen, daß die Partner nicht mehr das Bedürfnis haben, einander sehr viel zu erzählen.

Singles stürzen auch in dieser Hinsicht erst einmal (sofern sie früher einen Partner hatten) in ein Vakuum. Wer ist denn nun der Dialogpartner?

Alle Singles sind sich darüber klar, daß man nicht «aus dem Gespräch fallen» dürfe, wie einer es formulierte.

Offensichtlich haben die meisten Singles – wenngleich nicht bewußt und geplant – für ihre Gespräche verschiedene Menschen gefunden, je nach Art ihrer Bedürfnisse. Das hat Vorteile und Nachteile. Die Selbstverständlichkeit des ehelichen Gesprächs, das Sich-fallen-Lassen auch in verbaler Hinsicht wird von den meisten bedauernd vermißt. Andererseits erzählen aber auch viele von den zahlreichen erfolglosen Versuchen, mit dem Partner zu kommunizieren – vor allem gegen Ende der Beziehung. «Du hörst mir gar nicht zu», ist eine Quelle vieler Kränkungen. Viele Singles können daher auf einer rationalen Basis recht gut erkennen, daß die Vertrautheit des ehelichen Gesprächs oft auf einer Illusion beruht. Ihr Ausweg ist die selektive Dialogisierung des Gesprächs. Freunde, Vertraute, Arbeitskollegen sind dazu wichtig. Jeder verkörpert ein anderes Segment der eigenen Interessen und wird dementsprechend auch nicht für alles, sondern nur für ausgewählte Kapitel in den Dialog gebracht. Das hat natürlich viele Vorteile: man findet sehr viel eher ein aufnahmebereites Ohr, der Gesprächspartner wird nicht überlastet, man fühlt sich nicht gekränkt durch die nur laue Beachtung, die der Lebenspartner einem oft entgegenbringt. Der Preis dafür ist die Selbstverständlichkeit. Freunde müssen Zeit haben, man muß sie extra anrufen oder treffen. Allerdings ist wiederum die Dichte mancher Gespräche eine Kompensation für das Fehlen der Selbstverständlichkeit. Viele Singles freuen sich richtig darauf, mit irgendwelchen Freunden oder Kollegen gerade das «ganz passende» Gespräch führen zu können, sich an richtiger Stelle zu informieren. Ich nehme an, daß diese Singles auch selbst oft zu sehr anregenden Gesprächspartnern werden. Einige scheinen geradezu Künstler darin zu sein, Leute zusammenzubringen, die sich gut unterhalten können – sie können also das Gespräch auch noch erweitern und sich zum Mittelpunkt kleiner, anregender Geselligkeiten machen.

Das Gespräch bleibt also bei gut gelingendem Single-Leben Zentrum geistiger Lebendigkeit. Aber auch hier muß neu organisiert und reflektiert werden.

Das Problem der Balance
von Progression und Regression

Was für Paare das Problem der Regulierung von Nähe und Distanz, ist für Alleinlebende die Balance von Aktivität und Passivität, zwischen einem dem Chaos und der Depression nahen «Nichts-mehr-Strukturieren» und einer «Überstrukturiertheit», die zum Beispiel keinen einzigen freien Termin mehr übrigläßt. Es gibt Singles, deren Kalender wochenlang keinen freien Tag mehr aufweist. Es gibt aber auch solche (zumindest zeitweilig), die wochenlang keinen Menschen sehen wollen, die ganze Wochenenden im Bett verbringen und dabei nichts als Krimis lesen. Zwischen Partnern wird gerade in dieser Hinsicht immer wieder einiges reguliert, in guten Paarbeziehungen wechseln dabei die Rollen. Beides ist wichtig – wie Ein- und Ausatmen: das Sich-fallen-Lassen und das Strukturieren. Sich stundenlang in die Badewanne legen, im Bett ein Wochenende lang Süßigkeiten essen kann ebenso wichtig sein wie die klaren Abmachungen bezüglich der freien Abende, der bewußte Verzicht auf Alkohol für eine Woche und ähnliche Dinge.

All dies ist fast allen Singles bewußt: Sie schildern es in bunten Farben und beklagen trotzdem, wie schwer es ist, sich hier in einer beruhigenden Balance zu halten. Mit Gleichmut ertragen, wenn zwei Tage keiner anruft, nicht dauernd Aktivität forcieren, indem man sich überall einladen läßt und überall mitmacht, sondern den eigenen Atemstrom beachten – das ist eine Kunst, die vielen Singles immer wieder abhanden kommt. Allzu groß ist offensichtlich die Angst vor dem Verkommen, dem Versinken in Depression; und allzu oft schlägt die Passivität auch tatsächlich um in jene vage Langeweile, in der nichts mehr strahlt und alles fade erscheint. Niemand ist gerade dagegen gefeit. Und genau dies ist es, was so viele Außenstehende immer wieder fürchten, wenn sie an das Single-Leben denken. Deshalb werden oft beziehungslose Partnerschaften jahrelang fortgesetzt und per Partnertherapie künstlich immer wieder zusammengeflickt – nur um nicht abstürzen zu müssen in jenes Chaos aus Ödnis und Einsamkeit, aus dem – scheinbar – nur der übervolle Terminkalender heraushelfen kann.

Singles aber finden es oft sehr schwer, sich in einer beruhigenden Balance zu halten und den eigenen Rhythmus zu beachten. Psychoanalytiker unterscheiden zwischen der malignen, also ungesunden Regression und einer schöpferischen, gesunderhaltenden. Freud versteht unter Regression die Tendenz zu einem «Zurück», also eine Strebung, einen schon gemachten Entwicklungsschritt wieder rückgängig zu machen. Dies kann betreffen: daß man Wünsche hat, die eigentlich in dieser Primitivität längst überwunden sein sollten, daß man in primitiverer und unstrukturierterer Weise denkt, als man es eigentlich schon gelernt hat, oder daß man Verhaltensweisen einsetzt, die man als Kind hatte und die nicht mehr altersadäquat sind. Jeder von uns kennt Phasen, in denen so etwas geschieht: wenn man sich körperlich elend fühlt, wenn man unter großem psychischem Streß steht, wenn man Konflikten gegenübersteht, die man schon in der Kindheit nicht recht lösen konnte (zum Beispiel, sich von jemandem zu trennen). Progression bedeutet, daß man vorwärtsschreitet in seiner Entwicklung, sich gemäß seiner – erwachsenen – Entwicklungsstufe verhält.

Es klingt so, als wäre das eine – die Regression – etwas Krankes, wenig Erstrebenswertes, während progressive Verhaltensweisen erwünscht seien. Dies ist aber nicht immer so. Offensichtlich kann das «Zurück» durchaus heilenden Charakter haben und das «Vorwärts» zuviel sein und das psychische System überfordern. In diesem Sinne spricht man von einer «Regression im Dienste des Ichs», das heißt: eine Art von Schonhaltung bei drohender Überlastung kann damit gemeint sein, aber auch: ein Zurückfallen auf Denk- und Empfindungsstufen, die möglicherweise Fundament des künstlerischen Schaffens sind.

Daß aber die Fähigkeit, regredieren zu können, für die menschliche Balance wichtig ist, ist eine hundertfach gemachte Erfahrung von Psychoanalytikern mit ihren Patienten. In Anträgen zur Kassenübernahme der Therapiekosten wird sogar verlangt, der Patient müsse «regressionsfähig» sein, weil sonst die nötigen Vorbedingungen zur Gesundung nicht gegeben seien.

Was heißt dies für das «Progressive»? Natürlich soll ein gesunder Mensch imstande sein, seiner Entwicklung gemäß zu handeln, also: vernünftig zu denken und zu planen, Wünsche nur so weit zuzulassen, wie sie erfüllbar sind, in den Mitteln sachadäquat vorzugehen und dergleichen mehr. Ist er aber immer nur beherrscht von diesen Strebungen, dann spricht man in der Psychoanalyse von «Abwehr qua Progression», das heißt: jemand kann es sich gar nicht gestatten, seine kindlichen Zurück-Strebungen zuzulassen, weil ihm dann droht, überhaupt nicht mehr auftauchen zu können aus seiner Regression. Genau dies aber ist es, was den Singles mehr Mühe macht als partnerschaftlich Lebenden, weil sie keinen «ausgleichenden» Partner haben. Sie müssen also diesen Balanceakt selbst herstellen und versuchen, eine drohende Regression, die zur Depression und zum Chaos führt, zu unterscheiden von einer, die man braucht, um gesund zu bleiben. Sie müssen aber auch sehen, daß die progressiv-vernünftige Seite weder überhandnimmt noch ausfällt. Dieser Prozeß ist bei Alleinlebenden viel schwieriger als bei anderen, weil eben der ausgleichende Partner fehlt. Dies ist eine Forderung an die Autonomie der Person, die mit recht schwankendem Selbstbewußtsein beantwortet wird: Stolz, Freude und Resignation halten sich die Waage.

Das Problem der Einsamkeit

Was auch unglückliche Ehen zusammenhält, oft über eine viel zu lange Zeit, ist die Angst vor der Einsamkeit. Die trübseligsten Bilder von grauer Verlassenheit, von Stille, von Staub auf den Möbeln und nicht geleerten Aschenbechern herrschen vor. Was aber wird so sehr gefürchtet an dieser Einsamkeit? Einsamkeit wurde und wird ja doch von manchen Menschen extra gesucht?

Die meisten Menschen waren zu irgendeiner Zeit ihres Lebens für irgendeinen Menschen ein ganz wichtiger Partner: sei es für die Mutter, sei es für *peers* oder später für den Lebenspartner und die Kinder. Das Gefühl, für jemand anderen unersetzlich zu sein, kann schon dem kleinen Kind ein gesundes Selbstwertgefühl geben. Aber auch ein Erwachsener bangt ängstlich, ob auch er für einen anderen (oder sogar für viele?) ein ganz unersetzlich-einzigartiger Mensch ist und ob man ihn auch wirklich braucht. Und dieses Gebrauchtwerden muß spürbar sein, womöglich täglich und stündlich. Einsam ist, wer nicht für wenigstens einen anderen Menschen der Wichtigste ist, sagte die berühmte Psychoanalytikerin Helene Deutsch in einem ihrer Aufsätze. Und dieses Gefühl, man könne einmal nicht mehr «der Wichtigste» sein, ist für die meisten Menschen ganz schrecklich. Sie möchten für denjenigen, der für sie wichtig ist, unersetzlich sein, sogar dann, wenn der andere vielleicht seine Bedeutung schon eingebüßt hat.

Kindliche Ängste befallen viele Menschen, wenn eine solche rettende Hand verlorengeht, wenn sie wähnen, nun nicht mehr unersetzlich und damit auch geschützt und geborgen zu sein. Viele Singles kennen Zeiten von Schrecken, in denen sie sich ausmalen, wie sie krank, verlassen oder gar tot in ihrer Wohnung liegen, niemandem abgehen und ganz und gar vergessen sind.

Einsamkeit wird als Vorstufe des Todes empfunden, der Schrecken davor erinnert an Todesangst.

Läßt sich dagegen überhaupt ankommen?

Viele Singles erzählen, daß sie in dem Moment ihre Einsamkeitsangst verloren haben, in dem ihnen klar wurde, daß dieses Gefühl der «Unersetzlichkeit», das ja auch sie irgendwann gehabt hatten, eine Illusion ist, wenn man es für unabänderlich hält. Sie haben schließlich miterlebt, daß der andere «ganz, ganz Wichtige» verblaßt und daß auch sie selbst verblassen konnten. Daß niemand unersetzlich ist und man daher auch nicht mit solchem Selbstmitleid beklagen sollte, wenn einem dies verlorengegangen ist: das haben viele irgendwann eingesehen und akzeptieren müssen. Aus dieser Einsicht aber ist bei denen, die es schaffen, ein gutes Leben alleine zu führen, das Gefühl erwachsen, daß es genügt, wenn sie sich selbst wichtig sind; manche berichten davon sogar als von einem überschwenglich-euphorischen Erlebnis: zu begreifen, daß man wichtig ist, einfach weil man da ist, weil man so und nicht anders ist – das ist der Preis für durchgestandene Einsamkeit, die man sich nicht durch Hilfsmittel zu verschleiern versucht. Hektisches Jagen nach Gesellschaft ist dabei die größte Falle: unweigerlich führt dies zum Katzenjammer des Selbstmitleids: «Aber letztlich bin ich doch alleine ...»

Freundschaften gleichen hier zwar aus, aber sie können dieses Bedürfnis nicht ersetzen. Hier stoßen mehrere Problemkreise zusammen: erstens die Angst des Kindes vor dem Verlassenwerden, zweitens die Vorstellung, man hätte einen genügend großen «inneren Raum», und drittens die Kränkung der narzißtischen Illusion, man sei ungemein wichtig. Was bedeutet das?

Das Kind, um gut gedeihen zu können, braucht natürlich das Gefühl, mit Sicherheit nicht verlassen zu werden. Je kleiner es ist, desto größer die Verzweiflung, wenn die schützende Hand der Mutter verlorengeht. Ein Rest dieser Ängste steckt in jedem von uns drin. Jeder Abschied, jede Trennung evoziert auch im einigermaßen ausgeglichenen Menschen wieder diese alten Ängste. Hier findet Regression immer wieder statt, die Erinnerung an den prekären Prozeß des Verlassenwerdens, des Aufgebenmüssens der mütterlichen Hand in der Kindheit ist immer wieder zu spüren. Nur wenn man das Gefühl hat, man sei sehr wichtig, ja «der oder die Wichtigste», scheint diese Angst eine Weile gebannt. Dies müssen Singles nun nochmals leisten: die «mütterliche Hand» und die damit verbundene Sicherheit aufgeben ohne zu verzweifeln.

Der zweite Problemkreis ist die (Wieder-)Gewinnung des «inneren Raumes».

Donald Woods Winnicott hat in einem schönen Essay über jenen zweiten Problemkreis reflektiert, nämlich über die Entstehung des «inneren Raumes» im Zusammenhang mit dem Ertragen von Alleinsein. Schon das sehr kleine Baby braucht – neben der Gewißheit der Verfügbarkeit der Mutter – eine Zone des Alleinseins. Es muß, so Winnicott, erfahren können, daß es nicht nur eine Außenwelt gibt, die Wünsche erfüllt, sondern daß auch eine Innenwelt existiert, der man sich hingeben kann. Das bedeutet: Das Kind erfährt nach und nach, daß es sich mit sich selbst beschäftigen kann, daß seine Phantasien, seine Möglichkeiten, die Außenwelt wahrzunehmen, zu verändern (und sei es nur das kleine Glöckchen über dem Bett, das es zum Erklingen bringt), daß all dies genügen kann, um froh zu sein, um Leben zu spüren. Dies ist die Entfaltung des inneren Raumes. Voraussetzung für das Kind ist allerdings die ruhige Anwesenheit der Mutter. Alleinsein in Anwesenheit der Mutter – das bedeutet, daß die Mutter nicht ununterbrochen interveniert, das Kind beschäftigt, ihm nicht dauernd neue Unterhaltungsmöglichkeiten vorgibt. Und damit erreicht das Kind auch langsam ein Gefühl dafür, daß es ein «Innen» gibt, daß nicht alles von außen hineingepumpt werden muß, damit das Leben interessant wird. Später dann muß die Mutter gar nicht mehr dauernd erreichbar sein, damit das Kind inneres Leben ohne Angst spüren kann.

Bei vielen Menschen ist dieser Prozeß nur sehr unvollkommen verlaufen (Dauerberieselung). Paare können sich darüber eine Zeitlang besser hinwegtäuschen. Singles aber spüren dann, wenn die Einsamkeit an ihnen nagt, daß sie etwas «nachholen» müssen: die Fähigkeit ausbilden, allein zu sein, daß heißt: ihren inneren Raum zu beachten und zu lernen, daß sie ihn besser gebrauchen können, als ihnen das bewußt war. Dies ist eine Entwicklungsaufgabe, die sich Alleinlebenden oft in größerem Maß stellt als anderen Menschen. Hierbei erleben die meisten, daß sie eine Chance bekommen und in eine Krise geraten können. Die Krise überwunden zu haben zeigt in besonders klarer Weise, daß man ein Stück Autonomie gewonnen hat.

Nun zum dritten Problemkreis. Die Kränkung der narzißtischen Illusion, man sei ungemein bedeutend, trägt ebenfalls Anzeichen einer Regression. Das kleine Kind muß sich unwiderstehlich und vollkommen vorkommen, um mit seinen (realen) Defiziten fertig zu werden. Kinder sind meist umwerfend nett und rührend in ihrem naiven Narzißmus. Sie «können» alles, sie sind männlich und weiblich zugleich, sie sind schön und immer liebenswert. Dieser Narzißmus muß natürlich im Laufe der Entwicklung aufgegeben werden. Wir sehen ein, daß andere ebenso liebenswert sind oder sogar noch mehr, daß sie schöner und begabter sind. Trotzdem: In jedem Menschen bleibt neben dieser Realitätsangepaßtheit auch noch ein Rest des ursprünglichen naiven Narzißmus bestehen. Im Gefühl, man sei für den anderen der «wichtigste Mensch», wird er bestätigt. Das Aufgeben dieses Narzißmus aber bedeutet Einsamkeit. «Ich bin derzeit für keinen der Wichtigste»: diese Erkenntnis nicht mit Depression und Verzweiflung zu erleben, sondern mit der realistischen Akzeptanz, daß dies auch zum Leben gehört: das bedeutet ein Stück der höchstmöglichen Autonomie und wird, sofern man es erreicht, auch als ein großer Gewinn gebucht.

Die Spannung zwischen Autonomie und Intimität

Das Thema der Autonomie ist immer präsent. Natürlich gerät es mit dem Bereich «Bedürfnis nach Intimität» in ständigen Konflikt. Singles, so werden sie ja definiert, haben keinen intimen Partner. Sie sind daher sehr viel weniger als partnerschaftlich Lebende in der Lage, ihre eigene Befindlichkeit mit einem wichtigen anderen Menschen zu teilen, und ermangeln oft eines für viele Menschen sehr wichtigen Ventils für innere Spannungen: für freudige und für unangenehme. Man kann sehr viel schneller und fragloser diese inneren Spannungen ausagieren, wenn man den Partner hat, mit dem man darüber spricht, und dessen Fehlen wird in dieser Hinsicht auch immer wieder von den Alleinlebenden beklagt.

Ein zentrales Thema ist für viele Alleinlebende daher das immer wieder auftauchende Gefühl von Einsamkeit und Depression, das in vielen Facetten beschrieben wird. Auch Singles, die sehr lange verheiratet waren oder partnerschaftlich gelebt haben und sich daran erinnern müßten, daß in der Partnerschaft dieses selbstverständliche Gespräch auch nicht immer funktioniert, haben diese Dinge anscheinend vergessen. Wenn man allein lebt, hat man zumindest die Vorstellung von einer möglichen neuen Partnerschaft, in der diese Form von fraglosem Sprechen miteinander ganz besonders wichtig und interessant ist. Konterkariert werden die Gefühle des Intimitätsverlustes allerdings von ganz anderen Gefühlen, etwa vom Triumphgefühl darüber, daß man sein Leben autonom bestimmen kann, daß man imstande ist, sich selbst zu trösten, daß man sich selbst Freude spenden kann und eben nicht zur Gänze abhängig ist von anderen.

Dieses Thema betonen insbesondere Frauen der älteren Generation immer wieder. Sie sind noch aufgewachsen mit einem konservativen Frauenbild, mit einem konservativen Bild der Ehefrau, der Ehe an sich, und konnten sich in der Partnerschaft häufig nur wenig selbständig entwickeln – teils weil die dazugehörigen Männer dies nicht gestatteten, aber auch deshalb, weil sie selbst gar nicht wußten, wie sie sich entwickeln sollten. Immer wieder äußern diese Frauen, daß ihre Bedürfnisse nach Freiheit und Autonomie ihnen nicht ganz bewußt waren, so daß sie einfach nach den Wünschen ihrer Partner und ihrer Kinder gelebt haben. Erst nach dem Schock einer Scheidung oder Trennung, nachdem sie das Gefühl hatten: «Jetzt bin ich einfach gar nichts mehr», entdeckten sie, daß sie ihre eigenen Wünsche nachholen konnten, daß sie durchaus begabt dazu sind, ein eigenes und selbständiges Leben zu führen. Vielen hat dies ein sehr stolzes Gefühl verschafft und die Sehnsucht nach einer neuen Partnerschaft oft relativiert. Das Zusammenleben in einer sehr dichten Art und Weise kann dann einer Liebe auf Distanz weichen, die das neugewonnene Gefühl von Freiheit und Autonomie nicht bedroht.

Singles müssen erst lernen, sich selbst zu finden, lernen, in sich selbst Kriterien zu finden, für das, was ihnen ganz zu eigen ist – und damit für ihre Authentizität. Das aber betrifft wiederum sehr viele Sektoren des Alltags: wie man seine Wohnung einrichten soll, wie man seine Freizeit verbringen will, mit welchen Menschen man wirklich gerne zusammen ist, welche Art von Weiterentwicklung man vielleicht durch seine Arbeit anstrebt. Viele Alleinlebende müssen mit der Frage nach dem eigenen Ich lange ringen, Antworten ergeben sich nicht einfach nebenbei.

Der Wunsch nach Authentizität

Es ist wichtig festzuhalten, daß die Singleproblematik nicht nur die einer einzelnen Gruppe ist, sondern Hinweise gibt auf den Zustand unserer modernen pluralen Gesellschaft insgesamt. Der kanadische Sozialphilosoph Charles Taylor hat dem modernen Individuum eine «Zwiegestalt» attestiert. Danach ist das Individuum dadurch bestimmt, daß es ein Mehr an persönlicher Freiheit gewonnen hat, aber dies mit einem Weniger an Sinn erkaufen muß. Der alte Kosmos verliert an Bedeutung, es gibt immer weniger allgemein verbindliche Normen, das Selbst wird immer wichtiger.

Dieser Prozeß beginnt schon früh. Weiter vorn habe ich schon Johann Gottfried Herders Satz zitiert: «Jeder Mensch hat ein eignes Maas, gleichsam eine eigne Stimmung aller sinnlichen Gefühle zu einander». Bereits in der Zeit um 1800 will der Mensch sich anders definieren als etwa zu Beginn der Neuzeit, in der Renaissance. Da war er sozusagen noch trunken von seiner Bedeutung, er sah sich als ein kontrollierendes, universell begabtes, sich selbst bestimmendes Wesen: als ein Wesen, das die Natur beherrschen wird und dem praktisch keine Grenzen gesetzt sind. Bei Herder wird diese Autonomie des Menschen wesentlich bescheidener und, wenn man so will, introvertierter definiert. Es kommt nunmehr darauf an, sich selbst zu kennen und über die eigene Person durch die innere Stimme ein Maximum an Selbstbestimmung und Selbsterfüllung zu finden.

In der Literatur kann man diesen Gedanken sehr schön seit dem Ende des 18. Jahrhunderts verfolgen. Es ist der Gedanke der Aufhebung der Selbsttäuschung, also eben die Bestimmung des Menschen, authentisch zu leben. Der amerikanische Literatursoziologe Lionel Trilling beschreibt diesen Prozeß von der, wie er es nennt, «Aufrichtigkeit zur Authentizität» an vielen literarischen Beispielen. Bis zum Ende des 18. Jahrhunderts ist die Literatur voll von Plots, in denen es wichtig ist, den anderen nicht zu täuschen, zum Beispiel über die Identität der eigenen Person, über die eigene Rolle. Vor allem in Lustspielen finden sich solche und ähnliche Muster: die Kammerzofe vertauscht mit der Gräfin die Kleider, die entsprechenden Männer werden düpiert, und es ergibt sich eine ganze Reihe von Komplikationen. Dabei geht es letztlich um den moralischen Impetus, den anderen über sich selbst nicht zu täuschen.

Dieses Thema verschwindet dann im 19. Jahrhundert aus der Literatur, und es dominiert das Thema der Authentizität, der Aufhebung der Selbsttäuschung. Es geht jetzt darum, sich über sich selbst klar zu sein. Andere kann man täuschen, das ist keine besonders schlimme Sache mehr und findet keine moralische Ahndung. Viel schlimmer ist es, wenn man sich über die eigene Person täuscht, wenn man also durch die Selbsttäuschung in ein inauthentisches Leben verfällt.

Es ist kein Zufall, daß genau zur selben Zeit die moderne Psychologie geboren wird, nämlich in der Romantik. Von 1783 bis 1793 gab Karl Philipp Moritz in zehn Bänden die Zeitschrift «Magazin zur Erfahrungsseelenkunde» heraus, die nun anfängt, alle möglichen psychischen Phänomene zu zergliedern und auf ihre Hintergründe hin zu befragen. Das Konzept des Unbewußten, das die Autoren oft die «Nachtseite des Lebens» nennen, wird hier zum erstenmal ausführlich thematisiert. Es kommt der Gedanke auf, daß wir über

147

sehr vieles nicht bestimmen können, daß unsere unbewußten Motive uns treiben, ohne daß wir sie richtig in den Griff bekommen. Daraus wird die Forderung abgeleitet, auf die «Stimme im eigenen Inneren» zu hören als ein möglicher Weg, um Sinn und Orientierung zu finden.

Heute ist dieses Vertrauen in die innere Stimme geschwunden. Die innere Stimme, so zeigen uns viele Erfahrungen, ist trügerisch. Sie verändert sehr oft die Tonart, sagt immer wieder etwas anderes und verlangt nach anderen Bestätigungen als nur dem eigenen Echo. Sie verlangt die Stimme des Anderen, der mir meine Gefühle, meine Ahnungen widerspiegelt, der sie korrigiert, der sie bestätigt. Und deshalb, so sagt Charles Taylor, ist eine Authentizitätskultur – so nennt er unsere Zeit – auch immer eine Beziehungskultur. Man kann nicht nur immer in sich hineingrübeln ohne den Anderen. Es ist nichts so schwer in dieser traditionsarmen Welt, so meint er, wie festzustellen, wer ich eigentlich bin, welchen Sinn ich mir geben soll, welche meiner Handlungen zu mir gehören und welche nicht. Die Hoffnung ist, daß der Andere, der signifikante Andere, mir meine Identität bestätigt, daß er mein inneres Gefühl aufnimmt und widerspiegelt. Liebesbeziehungen erscheinen daher als die Garanten der Identität. Aber gerade diese Hoffnung, der Andere werde mir meine Identität bestätigen, erweist sich als trügerisch und läßt Liebesbeziehungen scheitern. Wir können uns nur augenblicksweise einbinden in diese von Anderen garantierte Sicherheit und scheitern nur allzuoft und immer wieder von neuem.

Das ist die verborgene Quelle aller unserer Beziehungsprobleme, und ich glaube, daß alle Scheidungsanwälte, Eheberater und Kommunikationstherapeuten dieser These zustimmen werden. Natürlich kann es dann auch zu der Entscheidung kommen, es doch alleine, ohne den Anderen zu versuchen. Das heißt übrigens nicht, daß Singles tatsächlich allein sind und nur allein suchen. Es heißt, daß sie für einige Zeit nun nicht mehr alle ihre Hoffnungen auf eine Liebesbeziehung legen. Oft haben Singles besonders viele Freundschaften. Statistiken zeigen, daß Alleinlebende häufig Spezialisten für Freundschaft sind. Gerade in der Altersgruppe, in der die Kinder der Verheirateten vielleicht klein oder in der Pubertät sind, sind die Singles den partnerschaftlich Lebenden voraus, weil sie ihre Freundschaften gut pflegen. Man kann den Eindruck gewinnen, daß diese Freundschaften vom Druck der Liebesbeziehungen entlasten. Sie sind nicht ganz so stark aufgeladen mit den Hoffnungen auf eine endgültige Bestätigung. Identität – Stolz vieler Singles – können sie sich stückweise von vielen verschiedenen Personen holen und selbst zusammensetzen. Die berühmte Patchwork-Identität ist also nicht nur von außen zusammengesetzt, sondern sie wird auch sozusagen im Do-it-yourself-Verfahren nach einem selbstentworfenen Modell zusammengebastelt. Weder Gott noch die Traditionen einer gesellschaftlichen Rolle sind dabei maßgeblich.

Das Streben der meisten Zeitgenossen geht in die Richtung von Selbstbestimmung, aber immer wieder erleben sie das Scheitern auch dieser selbst bestimmten Identitäten als Letztwahrheiten. Der amerikanische Sozialphilosoph Richard McKay Rorty, einer der Theoretiker der Postmoderne, nennt dies die Position des «Ironikers», des post-modernen Menschen, der Letztwahrheiten gar nicht mehr nötig hat. Um das auszuhalten, bedarf es einer besonders entwikkelten Fähigkeit, Ambiguitäten zu ertragen, also Mehrdeutigkeiten, Spannungen auszuhalten. Der niederländische Philosoph Willem van Reijen sagt: Wir müssen Gegensätze ohne Versöhnung erleben können.

Mir liegt diese Denkfigur nahe, weil wir Psychoanalytiker ja davon ausgehen, daß die Entwicklung des Kindes im emotionalen Bereich einen wichtigen Punkt erreicht hat, wenn das Kind imstande ist, Ambivalenzen («Doppelwertigkeiten») und Grauzonen zu ertragen, wenn es sehen kann, daß die wichtigsten Personen rundherum sowohl gut als auch böse sind. Diese Toleranz für Ambivalenzen benötigt man offensichtlich in der heutigen Gesellschaft in ganz besonderer Weise.

Das dauernde Hin und Her zwischen Autonomie und Intimität, zwischen Authentizität und dem Verlust von Authentizität kann man unter Umständen sogar mit Freuden ertragen. Viele Theoretiker erkennen hierin eine große Chance für Kreativität, für dauernde Neubestimmung – aber dazu braucht es große innere Kraft. Darin liegt eine Herausforderung, die manchmal auch zur Überforderung werden kann. Andererseits ist mit dieser Spannung auch nicht schwieriger zu leben als mit der Vorstellung, daß Gott in seiner großen Güte alles vorherbestimmt hat und wir doch gleichzeitig frei sind und uns auch für das Böse entscheiden können.

Singles sind besonders disponiert für diese inneren Abenteuer, und viele erleben es auch so. Zahlreiche Alleinlebende sind froh, diese Phase zu durchlaufen, die auch eine neue Partnerschaft in einem klareren Licht erscheinen läßt. Ohne die meist illusionäre Tröstung durch eine feste Beziehung, die Identität und letzte Sicherheit verspricht, und ohne die Vorgabe von Rollen, nur auf das eigene authentische Gefühl gestützt, müssen Singles also ihre Welt ordnen und werden in diesem Bemühen immer wieder verunsichert. Sie leben in der nie ganz ausbalancierten Spannung zwischen der Freude an den neuen Freiheiten, die ihnen ihre Autonomie verschafft, und der Trauer über den Mangel an Intimität. Solange sie allein leben, werden sie den Waagbalken nie endgültig auf die eine oder andere Seite sich neigen lassen. Das alles ist natürlich nicht nur dem modernen Single aufgegeben. Jeder, der in einer Partnerschaft lebt, kennt diese Unsicherheiten auch, letztlich gehen alle Partnerschaftsprobleme aus genau diesem Zwiespalt hervor.

Das Austarieren von Nähe und Distanz als das große Thema der modernen Partnerschaft war in früheren Zeiten tatsächlich kein Thema. Es ergab sich schicksalhaft oder traditionsbestimmt, wie nahe oder wie wenig nahe man einander war. Was Singles zu «Pionieren der Moderne» auch im psychologischen Sinn macht, ist die Prägnanz, mit der sie das alles erleben. In diesem Sinn sind Singles ganz besonders sensible Seismographen für alle Erschütterungen und Verschiebungen unseres Zeitgeistes.

Fazit

«Zu welchem Schluß kommt man denn, wenn man Singles befragt – sind sie glücklich oder unglücklich?» werde ich oft gefragt. Natürlich sind sie weder das eine noch das andere in besonders ausgeprägtem Maß. Es gibt weder durch die Partnerschaft noch durch das Single-Leben einen bevorzugten Platz im Himmel der Seligen. Es gibt nur «typische» Probleme in jeder Lebensform – das gilt natürlich auch für die anderen modernen und relativ neuartigen Existenzen, zum Beispiel die alleinerziehenden und unverheirateten Mütter.

Sehr schwierig erscheint manchen Singles der Umgang mit den Vorurteilen, die es noch immer in der Gesellschaft gibt. Das Hin- und Herschwanken zwischen dem Klischee «Hagestolz, alte Jungfer» und «charmante Geschäftsfrau, swinging Single» macht unsicher. Hat jemand nie in einer Partnerschaft gelebt, dann kann er unter Umständen die negativsten Vorurteile auf sich selbst beziehen. «Mich hat keine(r) gewollt» kann dann das resignierte Resümee sein – allerdings ist es recht selten, vielleicht nur in einigen dunklen Stunden präsent.

Natürlich ist das Ideal einer wunderbaren Partnerschaft immer wieder einmal der Goldgrund des Single-Lebens, selbst bei denen, die es besser wissen, weil sie schon in langjährigen Partnerschaften gelebt haben. Dieses Ideal kann in Zeiten der Depression auftauchen und erzeugt dann auch schon mal Tränen des Selbstmitleids. «Wenn jetzt einer (eine) hier wäre, um mich zu umsorgen ...!» seufzt man dann und denkt nicht daran, wie oft es in der Partnerschaft gerade daran gefehlt hat. Gerade in sorgenvollen Zeiten kam man sich oft vereinsamt vor, vom Partner innerlich in Stich gelassen. Aber diese Erinnerungen können zeitweise verschwinden, und schon flimmert die Fata Morgana der idealen Ehe bezaubernd schön über der öden Salzwüste.

Die Partnerschaft der modernen Zeit krankt ja oft gerade

daran, daß allzu viele Sehnsüchte nach Liebe und Zärtlichkeit, Umsorgtwerden und Behutsamkeit in die Institution Ehe einfließen. Das aber erzeugt Angst und damit sehr oft genau diejenige Form der Abweisung und Kälte, der man durch die Partnerschaft entgehen wollte.

Singles werden oft gefragt, wie sie es denn «aushalten» könnten ohne jenen warmen Bezug zum Intimpartner, ohne die Möglichkeit, sich fallenzulassen, einem anderen «alles erzählen» zu können. Es ist – um Selbstmitleid zu verhindern – ab und zu ganz gesund, sich zurückzuerinnern, wie das denn damals war ... Empirische Untersuchungen haben gezeigt, daß länger verheiratete Paare durchschnittlich pro Tag fünf bis sechs Minuten miteinander sprechen (vermutlich über den Hund, das Wetter, den nötigen Einkauf). Natürlich sind in diesem Durchschnitt auch die statistischen Ausreißer verborgen, also diejenigen, die sich mehrmals wöchentlich hinsetzen zum Gedankenaustausch. Aber wie selten müssen sie sein, wenn der Durchschnitt bei kümmerlichen fünf Minuten liegt!

Offensichtlich ist die Vorstellung, die Ehe sei ein warmer Mantel, nicht realistisch. Die vorausgesetzte «Sehnsucht» des Menschen nach der «einen und einzigen» Beziehung, die allein Wärme spenden könne, ist es aber in dieser Verabsolutierung vermutlich auch nicht. Da uns die Ehe-Ideologien von Kirchen, Parteien und anderen Ideologie-Instanzen immer wieder so eindrucksvoll vorgeführt werden, vergessen wir darüber, daß diese Institution erst seit etwa hundertfünfzig Jahren eine ist, an der alle partizipieren können.

Sollen wir annehmen, daß alle diejenigen, die nicht heiraten konnten, sich immer nur sehnsüchtig verzehrt haben nach einem Ehegespons? Natürlich nicht! Es wurde als gottgewollt oder einfach selbstverständlich hingenommen, daß man in seinem Stand blieb, und die bürgerliche Vorstellung vom Eheglück im trauten eigenen Heim war für viele undenkbar und wurde daher auch gar nicht ersehnt. Es wäre falsch, die Tatsache, daß der Mensch zweifellos ein Wesen ist, das Verbindung zu anderen braucht, das sich sprechend definiert, sich von anderen abgrenzen muß, um eigene Identität festzustellen, zu verwechseln mit einer erst historisch hergestellten, ganz speziellen Kommunikationsform: mit derjenigen der gefühlshaften Verbindung zum Partner, die vorwiegend dem wechselseitigen Austausch eigener Befindlichkeit dient. Und natürlich ist auch die Sehnsucht nach dieser historisch spezifischen Kommunikationsform nichts Universelles, keine anthropologische Grundkonstante. Die Verwunderung darüber, daß eine Reihe von Singles ihre Situation nicht als defizitär empfindet, daß sie sich nicht im «Wartesaal des Lebens» wähnt, ist also unnötig. Ganz offensichtlich gibt es Menschen, die nicht unbedingt die gleiche Erfahrung (meist ist es ja eine des Scheiterns) zweimal machen wollen, oder sogar solche, die jene spezielle Sehnsucht nach Dauer-Intimität erst gar nicht haben. Ihnen zu unterstellen, sie würden «eigentlich» doch unglücklich sein, sich doch nach einem Partner sehnen, ist zwar üblich, aber erkennbar nicht realitätsadäquat.

Viele unserer Werte, unserer Sehnsüchte und unserer Definitionen für uns selbst sind in hohem Maß beeinflußt von der speziellen historischen Situation, in der wir uns befinden. Einer der Werte, die wir in der modernen Zeit für uns reklamieren und dem wir nachstreben, ist die persönliche Autonomie. Dies ist in unserer jetzigen historischen Situation ein Wert, der im Wirrwarr von Großgesellschaften nützlich erscheint, um persönliches Wohlergehen zu sichern. Die Vorstellung, man müsse für sich allein geradestehen, müsse Verantwortung übernehmen und müsse sich vor allem vor dem eigenen Gefühl verantworten, schafft Überblick in einer Gesellschaft, deren allgemeinverbindliche Werte schwammig geworden sind.

Dieses Streben nach Autonomie – wenngleich ebensowenig eine absolute Konstante wie das Streben nach Intimität – wird von Menschen, die sich für längere Zeit oder für immer zum Alleinleben entschlossen haben, in besonderer Weise betont. Sie entwickeln Strategien, um diesen Wert der persönlichen Autonomie besser zu verwirklichen, sich damit einzupassen in eine Welt, in der vieles unsicher und unübersichtlich geworden ist.

So wie es Zeiten gab, in denen die Entwicklung besonderer Begabungen für Kontemplation, für den Bezug zur Transzendenz wichtig erschien, ist heute die Verwirklichung des Autonomiegedankens gefragt und wird denn auch von sehr vielen Instanzen gefordert: Mütter sollen ihre Kinder zur persönlichen Autonomie erziehen, Partner sollen sich in der Partnerschaft autonom entwickeln dürfen, und sogar im Betriebsleben gibt es überall Anstrengungen, persönliches Verantwortungsgefühl zu stärken. Singles müssen diese Autonomie in ganz besonders gekonnter Weise in sich aktivieren. In gewisser Weise ist es daher berechtigt, sie als «Pioniere der Moderne» zu bezeichnen.

Die Un-Alten

Schon seit einiger Zeit wird von den Soziologen eine Übergangsgruppe zwischen dem Menschen der mittleren Jahre und dem Greisenalter postuliert und mit einer eigenen Markierung versehen: die «Jungen Alten». Diese habe ich mit tiefenpsychologischen Interviews über ihren Alltag und ihr Lebensgefühl befragt. Lange Zeit galt die «Lebenstreppe» als Symbol für den gesamten Lebenslauf. Der Endpunkt des Lebens war das Kriterium, nach dem man die einzelnen Altersstufen betrachtete. Das heißt: Ansteigen und Abnehmen der geistigen und körperlichen Kräfte bis hin zum endgültigen Ende gaben ein klares Bild ab davon, was man von den einzelnen Phasen erwarten konnte. Damit war – der geringen Lebenserwartung und dem schlechten Gesundheitszustand der durchschnittlichen Bevölkerung gemäß – klar, daß es mit fünfzig abwärts ging (bei Frauen manchmal etwas früher). Das Muster verlangte keine Variationen, die Schwäche und der Tod waren gottgegeben. Durchaus nicht schön, aber doch würdig, war das Alter in der europäischen Kultur bei einem gottgefälligen Leben auch mit Belohnung versehen.

Der über sechzigjährige Junker Dubslav von Stechlin wird bei Fontane als ein alter, müder Mann geschildert, der für

seinen Hochmut – noch im «hohen Alter» für ein Reichs-
tagsmandat zu kandidieren – büßen muß, indem er bei der
Wahl durchfällt. Nicht lange danach wird er krank und stirbt
noch in seinen Sechzigern. Dies aber galt beileibe nicht als
ein früher Tod, sondern als die ganz normale Geschichte
eines Lebens.

Wilhelm Busch war Anfang Vierzig, als er folgende Verse,
in denen er sich angeblich selbst beschrieben hat, fabrizierte:

Der alte Junge

Der alte Junge ist gottlob
Noch immer äußerst rührig;
Er läßt nicht nach, er tut als ob,
Wenn schon die Sache schwierig.

Wie wonnig trägt er Bart und Haar,
Wie blinkt der enge Stiefel.
Und bei den Damen ist er gar
Ein rechter böser Schliefel.

Beschließt er dann des Tages Lauf,
So darf er sich verpusten,
Setzt seine Zipfelkappe auf
Und muß ganz schrecklich husten.

aus: «Kritik des Herzens» (1874)

Das Bild von Dürers Mutter, auf dem sie dreiundsechzig ist,
zeigt eine zahnlose Greisin mit unzähligen Falten und einem
greisenhaft erloschenen Gesichtsausdruck. Auch die fünfzig-

jährige Mutter von Rembrandt wird als eine alte Dame, zwar noch kräftig in der sehr üppigen Statur, aber doch überzogen von Falten mit eingefallener Mundpartie, dargestellt. Letzteres trug übrigens wesentlich dazu bei, die Menschen alt erscheinen zu lassen, da die Zahnprothetik noch nicht beherrscht wurde. Als mein eigener Großvater mit achtundsechzig Jahren starb, sagte niemand, er sei «früh verstorben». Mein Vater, der mit einundsiebzig gestorben ist, galt schon als jemand, der «viel zu früh» von uns gegangen sei.

Wie sieht es heutzutage aus? Schließlich sind Schwäche und Tod nach wie vor unumgänglich. Doch haben hoher Lebensstandard und moderne Medizin das Bild stark verändert.

Die Lebenserwartung von Männern und Frauen steigt in den westlichen Industrienationen sehr rasch an. Vorher, in der zweiten Hälfte des 16. Jahrhunderts wurden Männer, sofern sie das Alter von fünfzehn Jahren erreicht hatten, siebenundfünfzig Jahre alt, Frauen nur achtunddreißig, der Müttersterblichkeit bei und nach der Geburt wegen. Zwischen dem 16. und dem 19. Jahrhundert pendelte – je nach Epidemien – die durchschnittliche Lebenserwartung immer zwischen fünfzig und sechzig Jahren. Im Jahre 1992 aber lag sie für Männer bei zweiundsiebzig, für Frauen bei achtundsiebzig Jahren. Seither ist sie noch weiter gestiegen. Im Jahre 2000 wird es elfmal soviel Hundertjährige geben wie 1970.

Das Bewußtsein dieser Tatsache verändert das eigene Lebenszeitgefühl. Man hat «mehr Zeit», um sich im Leben zu installieren, und man verlangt mehr Zeit, um sich entfalten zu können.

Trotzdem: Wir sind zeitverschoben, ebenso sterblich wie im Mittelalter. Das stimmt natürlich, aber was sich wesentlich geändert hat, ist unsere Einstellung zu dieser Unumstößlichkeit sowie unser Umgang damit, und zwar schon im Vorfeld des Greisenalters. Deshalb konnte der Soziologe Gerd Göckenjan sagen, wir wüßten über das Lebensgefühl der Jungen Alten noch viel zu wenig. Offensichtlich gibt es da etwas zu erkennen, was kompliziert ist. Es handelt sich um die verzwickten Manöver, die Menschen von einem bestimmten Lebensalter an vollführen, wenn sie sich eben nicht oder nur sehr widerstrebend mit den Unumstößlichkeiten des Lebens abfinden. Das aber heißt: wir haben es bei den Jungen Alten mit schwierigen Identitätsproblemen zu tun, die denen in der Pubertät in nichts nachstehen und vielen Angehörigen dieser Altersgruppe Kummer machen. Im Gegensatz zu den anderen Lebensaltern finden wir bei ihnen nur wenige Selbstdeutungen, die Selbstreflexion ist eher schwach entwickelt, was die Konzeption dieser gesamten Lebensphase zwischen sechzig und siebzig betrifft. Die Dürftigkeit der veröffentlichten Befunde paßt dazu spiegelbildlich.

Wie sehen die Probleme und natürlich auch die positiven Seiten in dieser Lebensphase aus?

Es ist eine Binsenweisheit, daß der moderne Mensch Jugend, Schönheit und Leistungskraft anbetet. So gut es geht, werden Schwäche und Tod verdrängt, vergessen oder einfach in ihrer Relevanz nicht wahrgenommen. Zwar gibt es seit einiger Zeit eine recht medienwirksame Zurschaustellung des Todes, ohne daß dadurch das Erleben der eigenen Endlichkeit wirklich berührt wird. Zumindest haben meine eigenen Untersuchungen derjenigen Altersgruppe, die sich auch nach den Kriterien der modernen Medizin auf dem absteigenden Ast befindet, nichts davon spüren lassen, im Gegenteil: der Tod war, wie überhaupt die eigene Zukunft, bei vielen ein Tabu.

Es wäre falsche Romantisierung, wollte man so tun, als ob das Alter in anderen Kulturen oder in vormodernen Zeiten nur als gottgegeben angesehen worden wäre. Eine gewisse Ambivalenz dem Alter gegenüber hat es überall und immer gegeben. Allerdings – und hierin unterscheiden sich moderne Kulturen von den vormodernen – auch wenn man das Alter verspottete oder sonstwie übel behandelte, man hat nie versucht, es auszuklammern oder hinauszuschieben. Wenn man alt war, dann war das zwar unter Umständen bedauerlich, man konnte aber nichts dagegen tun, als sich darein ergeben.

Das Alter wird in vielen Kulturen zwiespältig erlebt, auch dort, wo man das Alter konventionell ehrt. Der Wiener Altersforscher Leopold Rosenmayer sagt daher: «Niemals können wir uns im Verhältnis zum Alter aus der Ambivalenz befreien. Wir vermögen diese Ambivalenz zu beschwichtigen, aber im Verhältnis zum eigenen Alter werden wir niemals eindeutig.» Genau dies habe ich übrigens in meiner Arbeit gefunden. Auch in großflächig-statistischen Untersuchungen kann man davon etwas spüren (Baltes u. a.): Die meisten Menschen schreiben demnach sich selbst sehr viel ‹jüngere› Eigenschaften zu als ihren Altersgenossen.»

Im europäischen Mittelalter hat man, wie Paul Münch es beschreibt, sehr oft genaue vertragliche Abmachungen, sogar notariell beglaubigt, treffen müssen, um die alten Menschen vor der Härte ihrer eigenen Kinder zu schützen. Darin wurde eindeutig festgelegt, wieviel Nahrungsmittel alte Eltern von den Jungen zu bekommen hatten und wieviel Gartenland sie bepflanzen durften. Oft genug war dies zum Leben zuwenig und zum Sterben zuviel. Von Predigern wurde immer wieder eindringlich darauf hingewiesen, wie wichtig es sei, die Alten zu versorgen und zu ehren – ein Zeichen dafür, daß diese von Gott gebotene Ehrung ganz und gar nicht selbstverständlich war. Die Verspottung der blöden Alten in Dramen und Versen gab es häufig. Nur die toten Eltern durften auf erhabene «Trauercarmina» hoffen.

Vom Gerontozid in sehr armen Kulturen wird immer wieder berichtet. Aber auch in Kulturen, die die Alten ehren, etwa der indischen, gilt dies meist nur für die höheren Kasten. Altenehrung ist dort wahrscheinlicher, wo die Modernisierung noch nicht gegriffen hat, wo die Bindung an die Transzendenz groß ist und das Erfahrungswissen eine vergleichsweise große Rolle spielt. Alte Menschen werden dort geehrt, weil sie viel Wissen weitergeben können und weil sie in manchen Kulturen eine besondere Beziehung zu den Ahnengöttern haben.

Wie sieht es dagegen bei uns aus?

Das Thema Alter ist seit einiger Zeit modern. Das heißt natürlich nicht, daß die Ambivalenz dem Alter gegenüber verschwunden ist – im Gegenteil! Getreu dem Credo der Moderne: Alles ist machbar, soll das Alter nun umdefiniert und seiner Unumstößlichkeit beraubt werden. In vielen Publikationen, auch in solchen empirischen Zuschnitts wird ein Trick angewandt, um das Alter zu rehabilitieren: Man altert einfach nicht mehr, oder man altert «erfolgreich», wie gleich zwei bekannte Bücher über das Altern heißen. Man muß das verborgene Potential des Alters hervorholen, seine Kräfte optimieren oder gar, wie ein dickes Buch der berühmten Betty Friedan verkündet, das Alter betrachten als sprudelnden Quell. «The Fountain of Age» heißt ihr Buch in Analogie zum Jungbrunnen. Dort wird angeprangert, wie sehr zu Unrecht die heutige Zeit allzu jugendbetont ist und wie rasch man vergißt, daß es auch über sechzig noch viel zu erleben gibt. An vielen Beispielen wird dann gezeigt, daß die Alten sogar jugendlicher sein können als die Jungen: neue Interessen, neue Energien, neue Partner! Mit einem Wort: Es bleibt also alles wie früher, wenn man es nur recht anstellt. Die renommierte Altersforscherin Freya Dittman-Kohli resümiert denn auch: «Erfolgreiches Altern ist das Nicht-Altern.»

Ungeachtet der vielen Beteuerungen, wie wichtig die Alten seien: Wir leben nun einmal in einer Jugendkultur. In einer modernen industriellen Gesellschaft, die Wachstum, Flexibilität und rasches Umdenken (etwa gegenüber modernen Technologien) voraussetzt, sind die Alterstugenden der Erfahrung nicht mehr gefragt. Das gilt übrigens auch für die meisten «Lebensweisheiten». Neue Lebensformen werden propagiert: das Single-Leben, die Homosexuellenehe, die Alleinerziehenden, die WG. Die älteren Menschen können nur immer wieder staunend davorstehen und – teils tadelnd, teils bewundernd – konstatieren: Das hat es zu unserer Zeit nicht gegeben! Also wissen sie auch keine Ratschläge für die Jungen.

Die Kultur der Jungen schlägt überall durch – trotz Seniorenuniversitäten und Seniorentanz. Es braucht viel Werbung, um all dies auch nur einigermaßen attraktiv zu gestalten. Die Präsenz der Alten muß immer wieder neu erstritten werden, während die flotte Designerin, das superschlanke Model und die interessanten Tätigkeiten des Jungmanagers sich ohne Werbeanstrengungen durchsetzen. Wir «Un-Alten» können uns dagegen wehren, indem wir (uns) immer wieder sagen, daß wir «noch nicht alt» sind (und Greise sind wir ja wirklich noch nicht!), wir können resignieren, oder wir müssen bewußt in der Unsicherheit und Zwiespältigkeit Fuß fassen und versuchen, immer wieder von neuem diesen Zwiespalt zu überwinden. Dies kostet Energie.

Wenn man ein bestimmtes Lebensgefühl festhalten will, kann man natürlich nicht einfach fragen: «Wie fühlen Sie sich mit sechzig, fünfundsechzig, siebzig?» Was soll man darauf antworten? Man kann aber doch sehen, wie sich bestimmte Lebensbereiche in dieser Altersgruppe langsam ändern, man kann Vergleiche mit früheren Zeiten ziehen lassen: bezogen auf die Arbeit, auf Freundschaften, auf Sexualität etc. – und daraus lassen sich Schlußfolgerungen ziehen.

Mein Forschungsinteresse galt drei Themenbereichen, die ich für besonders wichtig halte:

1. Täuschungen und Selbsttäuschungen verbunden mit einem schwankenden Identitätsgefühl

2. Angst vor dem Neuen

3. Neue Sinngebung

Selbsttäuschungen
und schwankendes Identitätsgefühl

Das nett gemeinte «Du siehst viel jünger aus als ...» gehört zum Alltag der Un-Alten. Man könnte sogar sagen, daß sich bei Häufung dieses Kompliments das beginnende Alter zeigt. Die Komplimentemacher und -empfänger meinen es aber meist ernst, weil sie das Bild ihrer alternden Großeltern oder sogar Urgroßeltern vor Augen haben und nicht daran denken, daß heutzutage fast alle Menschen jünger aussehen als die Generationen vor ihnen. Dies gilt ganz besonders für die Frauen, die nicht mehr ein Dutzend Kinder zur Welt bringen und großziehen und denen außerdem noch mehr als den Männern die moderne Kosmetik helfen kann. Selbstverständlich aber sehen die wenigsten wirklich jünger aus, als ihre Altersgruppe eben aussieht, das wäre ja auch statistisch absurd.

Das Kompliment «Du siehst viel jünger aus» nehmen aber die meisten Menschen ernst. Sehr oft lassen mich meine Gesprächspartner kokett raten, für wie alt ich sie halte, und erzählen stolz, daß man sie selten wirklich richtig einschätze.

Man könnte natürlich zufrieden sein ob der vielen offenbar gut gelungenen Selbsttäuschungen, aber ein zweiter Blick enthüllt das, was Selbsttäuschungen immer bewirken: eine große Sorge um ihre Aufrechterhaltung und entsprechend viel Energieaufwand.

Ich habe viele Dimensionen des Alltags abgefragt in bezug auf eventuell absteigende Tendenzen. Da war sehr viel Angst zu spüren. Zu Anfang, an der Oberfläche herrschte noch Optimismus. Es habe sich nicht viel geändert, sagen viele.

Man fühle sich noch jung, attraktiv und oft auch noch sexuell aktiv. Die meisten wissen, daß man «heutzutage noch nicht alt sein muß», und das sagen sie auch oft, die Männer häufiger als die Frauen, besonders Männer, die in ihrer Zweitehe jüngere Partnerinnen geheiratet haben. Erst der zweite Blick enthüllt viele Selbsttäuschungen. Die größte Angst betrifft das Abnehmen der intellektuellen Kräfte. Daß das Gedächtnis nicht mehr so gut ist wie früher, wird gerade noch hingenommen, auch jüngere Menschen berichten dies oft, man muß es noch nicht unbedingt als ein krasses Alterszeichen verstehen – obwohl es das natürlich in hohem Maße ist. Das Nachlassen körperlicher Kräfte wird zwar konstatiert, aber meist nur mit ein wenig Wehmut bedacht, außer jemand hat sich gerade in sportlichen Dingen hervorgetan. Ein begeisterter Tennisspieler spielt kaum mehr Einzelmatchs, lieber im Doppel. Warum? Es sei zu anstrengend, sagt er. Daß einer meiner Gesprächspartner sich den Knöchel gebrochen hat, als er beim Spazierengehen im Wald über eine Wurzel gestolpert ist, kann er natürlich noch hinnehmen, obwohl er zugeben muß, daß er früher wohl etwas elastischer reagiert hätte. Daß er nach dem Streichen des Gartenzaunes sich tagelang nicht mehr richtig bewegen konnte: das, so meint er, sei nun wirklich ein Alterszeichen. Er kann darüber aber lachen. Das kann der begeisterte Skifahrer, der an einer nicht besonders schwierigen Stelle den Halt verlor und mit Beinbruch im Krankenhaus landete, aber nicht mehr. Der Arzt, ein «junger Spund», wie er sagt, meinte, in seinem Alter solle man eben nicht … etc. Dies hat ihn sehr getroffen, und er hadert noch immer mit diesem Diktum des unverständigen Arztes. Aber all dies ist peripher.

Ganz anders sieht es aus, wenn man das Nachlassen intellektueller Dimensionen anspricht: hier sind die Ausreden und Windungen der Argumentation recht auffällig. Viele berufen sich darauf, daß sie eben nun mehr Weisheit und Erfahrung besäßen, den besseren Überblick hätten, daß bei ihnen also – nach wissenschaftlicher Terminologie – die «kristalline» Intelligenz die «fluide» übertreffe. Berufsspezifisch ist dies sogar manchmal zutreffend. Man weiß, daß Geisteswissenschaftler erst in späteren Jahren zu ihren großen Werken finden, allerdings geschieht dies nicht oft, und: wer schreibt schon «große Werke»? Die Normalberufe der Mittelschicht – Büroleiterin, Sozialarbeiterin, Bankbeamter, Lehrerin, Kaufmann – sind damit jedenfalls nicht gemeint. Bei ihnen läßt sich gut feststellen, daß sie eine bestimmte Art des Neudenkens – zum Beispiel am Computer – nicht mehr so ganz mitgekriegt haben, daß sie auch weniger Lust haben, sich in neue Aufgaben hineinzuleben. Viele geben zu, daß sie nicht mehr so wendig sind und natürlich: daß ihr Hör- und Sehvermögen nachgelassen hat. Daß all dies aber auch beiträgt zur raschen Erfassung von Neuem, also ein wesentlicher Bestandteil ist der Intelligenz, die man im Alltag braucht: diesen Schluß lassen wenige zu. Immer wieder hört man, daß man eben jetzt «anders» denke, «großräumiger» und «im Zusammenhang». Im Alltag der meisten Menschen spielt diese Fähigkeit aber nur eine kleine Nebenrolle.

Auch der Anspruch, im Alter noch möglichst viel «gesunde» Sexualität zu haben, beunruhigt viele. Die Aussagen darüber sind merkwürdig: schamerfüllt, weil man sehr viel weniger sexuelle Wünsche hat als früher; Prahlereien, vor allem der Männer, sind an der Tagesordnung. Da ich auch mit vielen Paaren gesprochen habe, wurden solche Prahlereien manchmal von den Partnerinnen – heimlich – korrigiert. Ein älteres Paar sagt, «ab und zu» gebe es schon sexuelle Begegnungen. Früher? Na ja, da war das natürlich anders. Nun ist man oft müde und lustlos. Aber gibt es das nicht auch bei jüngeren Menschen? So klingt es schon ein wenig besorgter.

Alle diese Ansprüche – man müsse fit und jung bleiben, sexuell aktiv sein und geistig auf der Höhe – sind belastend und lassen manche der Un-Alten angestrengt wirken. Trotz der meist nicht mehr sehr regen sexuellen Aktivität sind diejenigen Paare, die seit ihrer Jugendzeit zusammenleben, mit ihrer Partnerschaft viel zufriedener als früher und lassen dies auch erkennen.

Natürlich hat man in diesen Jahren meist noch nicht abgebaut im krassen Sinn. Da die ersten Anzeichen aber so ängstlich überdeckt werden müssen, wirkt sich dies auf das Identitätsgefühl aus.

Wie nicht anders zu erwarten, drückt sich die gesellschaftliche Ambivalenz dem Alter gegenüber auch im Erleben der Un-Alten aus. Man weiß im Grunde nicht mehr so recht, wie man sich fühlen soll. Bei Frauen äußert sich das oft auch in der Kleiderfrage. Die meisten haben nicht mehr ihre Jungmädchenfigur und wissen nicht, welchem «Typ» sie eigentlich zuzurechnen sind. Sollen sie sich sportlich anziehen? Sind die langen Kostümjacken das richtige? Wie steht es mit den Farben? Daß man als älterer Mensch nicht mehr nur Schwarz und Grau tragen muß, ist bekannt. Will man aber aussehen wie eines der Golden Girls? Eine Reihe von Frauen hat in dieser Hinsicht Identitätsprobleme geäußert.

Natürlich gibt es auch andere Dimensionen, den Beruf

zum Beispiel. Die «Altersgrenze» mit fünfundsechzig bedeutet einen Bruch. Er wird zwar oft überspielt, aber gerade dies hat mit der schwankenden Identität zu tun. In trüben Stunden wird klar, daß Mitarbeiter oder Nachfolger genauso gut oder besser sind, daß sie mit manchen Problemen schneller fertig werden und daß man sich darauf sogar auch schon oft verlassen hat.

Manchmal wechselt man das berufliche Terrain. So hat ein Informatikprofessor schon lange nicht mehr an neuen Entwicklungen teilgehabt, hat sich aber auf die Organisation großer Kongresse verlegt. Dabei verdient er viel und könnte also zufrieden sein. Er ist es aber nicht. Es nagt an ihm das Gefühl, nicht mehr kreativ zu sein.

Manche der Un-Alten beginnen mit neuen Ausbildungen: die achtundsechzigjährige Lehrerin, die an ihrer Dissertation in Geschichte sitzt. Dies wollte sie immer schon machen, hat aber während ihrer Ehe und Berufszeit nie genügend Ruhe gehabt. Daß sie durch den Kontakt mit ihren jungen Kommilitonen «jung bleibt», glaubt sie selber nicht. Trotzdem: es ist eine Herausforderung, und sie freut sich, wenn sie mithalten kann. Daß sie allerdings vieles schneller vergißt als die Jungen: das stört sie.

Es gibt viele Manöver, um sich mit der alten Jugendlichkeit zu identifizieren. Da man natürlich weiß, daß dies nicht so einfach geht, ist man ratlos. Das «Noch-nicht-alt-Sein» erfüllt den Zweck der Identitätsstiftung nicht. Daher sind die Un-Alten gezwungen, sich ein Stück Identität immer wieder von neuem zu erringen. Das Schwanken vor dem Kleiderschrank («Ist diese Bluse für mein Alter zu schrill?»), die Frage nach dem Kauf eines Wohnmobils («So viel Unbequemlichkeit in unserem Alter?») und die Überlegung, ob Langlauf oder Abfahrtsski, die permanente Angst der Frauen, ihre Jugendfigur zu verlieren, die verzweifelten Versuche, den Altersbauch zu verstecken, Diät zu machen: das alles ist verbunden mit der nagenden Frage, ob man denn wirklich noch «jung genug» sei. Eine meiner Gesprächspartnerinnen sagte mir nach einem langen Gejammere darüber, daß sie es einfach nicht schaffe, sich fünf Kilo herunterzuhungern – «und dabei war ich früher richtig knabenhaft» –: «Wäre ich doch nur eine alte Frau in Griechenland, da könnte ich jetzt dick sein und einfach ein schwarzes Gewand tragen.» Und fügt gleich darauf hinzu: «Aber natürlich bin ich ja noch nicht so alt, wie diese Frauen sind.»

Als eine Frau (65) im Kreise Gleichaltriger erzählte, sie habe sich im Seniorenheim angemeldet und freue sich darauf, bald einmal dranzukommen, waren wir entsetzt. Aber doch nicht wir! Wir wunderten uns darüber, daß man sie schon in Betracht gezogen hatte. Es ist aber alles mit rechten Dingen zugegangen, sie lebt jetzt dort – recht vergnügt und froh, daß sie nicht mehr den Haushalt versorgen muß. Eine andere Frau Anfang Sechzig, die sich auch schon ein Seniorenheim angesehen hat, überrascht uns mit ihren Plänen, wie sie sich dort einrichten wird: Überarbeitung der Heimbibliothek, Organisation von Lesungen ... Ironischer Zwischenruf: ob sie denn nicht gleich die Leitung des Heims übernehmen wolle? Auch hier: Die Identität als alter Mensch ist unsicher und wird immer wieder gebrochen. Ganz schwierig wird es beim Umgang mit dem anderen Geschlecht. Hier empfinden die Frauen noch mehr als die Männer, daß sie nun eine neue Identität haben sollen: die der Geschlechtslosigkeit. Sie finden, daß die Männer sich gnadenlos entsolidarisieren, und haben doch noch nicht das Gefühl, daß sie wirklich geschlechtslos sind. Hier wird (von den Frauen) am meisten gehadert. Erotik, wenn sie nicht mit ihren alten Partnern zusammen sind, gibt es für sie nur noch selten. Trotz gegenteiliger (vager) Aussagen der Männer: sie haben kaum je das Gefühl, als Frauen interessant zu sein. Die Geschlechtsidentität der Frauen wird am übereinstimmendsten als unsicher erlebt. Für Männer sieht das anders aus. Aus therapeutischen Zusammenhängen kann ich erraten, daß es aber auch bei ihnen damit nicht immer zum besten steht.

Verbunden mit diesem Manko an Rollenidentität (die sich auch auf die persönliche Identität auswirkt) ist Neid auf die Jungen. Es ist ganz schwer, daran heranzukommen. Neid ist eines der Gefühle, die nicht gern eingestanden werden. Neid widerspricht den Illusionen der narzißtischen Welt und wird in Tiefeninterviews nur sehr indirekt erschlossen. Er versteckt sich in vielerlei Abwertungen, weniger in primitiven Pauschalaussagen vom Typ: «Die Jungen haben ja keine Ahnung» oder: «Wir damals haben ...» Manches wird sogar ins Gegenteil verkehrt: die Kinder – narzißtische Objekte par excellence – werden bewundert und ausstaffiert, oder man sucht sich junge Freunde, mit denen man gleichziehen will, und behauptet, man könne sich mit Gleichaltrigen nur schlecht verstehen, die seien verknöchert. Ich habe Menschen in jüngeren und mittleren Jahren über ihre Eltern – jetzt Junge Alte – ausgefragt und auch meine Erfahrungen in der Therapie genutzt, um mir hiervon ein besseres Bild zu machen. Natürlich werden solche Eltern und eventuell auch Freunde ihrer Jugendlichkeit wegen bewundert. Aber gleichberechtigt, wie sich die Un-Alten ihre Beziehung zur mittleren Generation vorstellen, empfindet diese sie nicht. Die Illusion, man sei noch jung, kaum älter als die mittleren Jahrgänge, drückt sich eben bei einigen auch in der koketten Form der Betonung eines jungen Bekanntenkreises aus. Vielen Menschen ist heute klar, daß man sich lebenslang weiterentwickeln kann und soll. Dies war nicht immer so, gerade in diesem Punkt hat die Psychologie viel beigetragen zu einem modernen Lebensgefühl, das, so positiv wir es auch sehen dürfen, doch im Alter auch zu einer Belastung führen kann, der sich manche nur mühsam gewachsen zeigen.

Wenn man Romane aus den letzten zwei Jahrhunderten liest, dann fällt einem auf, daß Menschen über dreißig meist als ausgereifte Persönlichkeiten geschildert werden, Frauen übrigens noch früher: Da sind oft schon Zwanzigjährige reif wie Vierzigjährige bei uns, voll von Verantwortungsbewußtsein, Sorge um eigene Kinder oder die kleinen Geschwister, wenn die Mutter verstorben ist. Die Lotte aus Goethes Sturm-und-Drang-Roman «Die Leiden des jungen Werthers» war Anfang Zwanzig, als Werther sie in jenem berühmten Idyll vorfand, wo sie ihren kleinen Geschwistern das Brot schneidet. Wir sehen sie als vollständig selbständige Ersatzmutter, die sehr genau weiß, wie man sich sein Leben einrichten muß, und dem begabten, aber windigen Werther denn auch trotz ihrer Verliebtheit sehr klar als Verlobte eines «soliden» Mannes entgegentritt und ihn abweist. Nur kurzfristig kann der Charmeur sie für sich begeistern, ihre Vernunft siegt schnell, und man kann sich gut vorstellen, daß Charlotte mit vierzig und sechzig nicht wesentlich anders denkt als mit zwanzig. Dies hat übrigens Thomas Mann in

seinem 1939 erschienenen Roman «Lotte in Weimar» reiz-
voll ausgesponnen. In Manns Roman ist Lotte dreiundsechzig Jahre alt, eine betagte Dame, die sich ständig hinlegen
und ausruhen muß. Wir erkennen in ihr aber durchaus die
Lotte aus dem «Werther» wieder: noch immer vernünftig
blickt sie mit Zufriedenheit auf ihr reiches bürgerliches Leben zurück, und selbstverständlich hat sie an der Seite des
lieben, aber etwas öden Ehemannes genau das Glück gefunden, das sie sich mit zwanzig erträumt hatte. Und ein wenig
hat sie sich auch bewahrt von der Verspieltheit ihrer Jugend,
wenn sie sich dem alten Olympier schließlich in dem Kleid
präsentiert, an dem die Schleife, die sie damals in Wetzlar
dem jungen Dichter zum Abschied geschenkt hatte, fehlt.

Auch Karl Philipp Moritzens Anton Reiser, der Held
eines der ersten psychologischen Entwicklungsromane, erscheint uns schon in jungen Jahren als einer, der sich nicht
mehr ändern wird, sein sonderlinghaftes Verhalten kündigt
sich schon früh an, und entsprechend endet der Roman noch
in den Zwanzigern des Jünglings.

Die Psychologie, vor allem die Psychoanalyse, hat in ihrer
Theoriebildung zunächst ebenfalls eine nur kurze Entwick-
lungsspanne als beachtenswert angenommen, nämlich die
Zeit bis zum fünften, sechsten Lebensjahr. Alles, was danach
kommt, sei eine Neuauflage alter Konflikte, der Grundstein
dieser ersten fünf Lebensjahre trage das ganze weitere Leben.

Dies hat sich inzwischen geändert. Wir müssen nicht mehr
die schöne Literatur zu Hilfe rufen, um konstatieren zu können, daß sich die Vorstellung von Entwicklung ändert. Be-
ginnend mit Erik H. Eriksons Buch «Identity and the Life
Cycle» aus dem Jahr 1959 (deutsche Ausgabe 1966 mit dem

Titel «Identität und Lebenszyklus»), entstehen immer neue Theorien zur «lebenslangen Entwicklung». Darauf aufbauend haben viele Autoren Modelle entworfen, die bis weit ins Erwachsenenalter hineinreichen und nicht selten sogar den Abschnitt der Hochbetagtheit beschreiben als einen, der durchaus noch Entwicklungsmöglichkeiten in sich trägt. Alle diese Modelle beruhen auf der Vorstellung, daß es in der Entwicklung des Erwachsenen darauf ankommt, eine ganz eigene, unverwechselbare Identität zu gewinnen und sie in Einklang zu bringen mit den Aufgaben, die uns die Gesellschaft abverlangt. So wird in den frühen Erwachsenenjahren Wert darauf gelegt, daß haltbare persönliche Bindungen eingegangen werden, in den mittleren Jahren soll das eigene «Lebenswerk» und die Kindererziehung verantwortlich angegangen werden, im Alter steht die Bilanz des eigenen Lebens an und die Auseinandersetzung mit Krankheit und Tod. In diesen Etappen entwickelt sich kontinuierlich die ganz eigene, unverwechselbare Identität.

«Identität» wurde etwa seit den fünfziger Jahren zum Schlüsselbegriff vieler Theorien. Vorausgesetzt war damit eine noch feste Vorstellung von den Möglichkeiten des Menschen, sich in einer ihm gemäßen Umwelt zu bewegen und diese Umwelt im Sinne der ihm eigenen Entwicklungsgesetzlichkeit zu gestalten. In der Humanistischen Psychologie war dieser Gedanke ganz besonders von Carl Rogers betont worden. Sein Stufenmodell der Entwicklung im therapeutischen Prozeß kann ebensogut gelesen werden als ein Entwicklungsmodell des Menschen überhaupt. Dabei verliert sich übrigens – abweichend von Erikson – das Gesellschaftliche, es wird einfach vorausgesetzt. Wichtig ist bei diesem

Modell die innere Übereinstimmung der erfahrbaren Welt mit dem, was er «Selbstbild» nennt: ein Gefühl für das Unverwechselbare in jedem Menschen und im eigenen Inneren. Es gipfelt in der Erfahrung der «fully functioning person», einer Person, die mit sich selbst im reinen ist. Wenn man postuliert, daß der Mensch sich lebenslang entwickelt, dann findet man aber auch keinen endgültigen «Ankerplatz» für die Seele. Menschen erscheinen einem dann auch und gerade in ihren «besten Jahren» gar nicht mehr als diejenigen, die sie einmal waren. Man kann sich selbst an die eigene Person oft nur noch schattenhaft erinnern und wird sich fremd. Das aber kann heißen: man entwickelt nie ein sicheres Gefühl für die eigene Identität. Noch in den mittleren Jahren und weit darüber hinaus kann dieses Gefühl schwankend werden, und das heißt: die Lebensentwürfe stehen nicht mehr fest wie in früheren Zeiten. Natürlich sind dies Erscheinungen, die man nicht klar abzirkeln kann an Geburtsjahrgängen, es gibt fließende Übergänge, aber grosso modo läßt sich schon sagen, daß viele Menschen um die Vierzig und auch darüber hinaus nicht mehr so sicher wie früher wissen, worauf eigentlich alles hinauslaufen soll, ob der eingeschlagene Weg der richtige ist und wie man ihn eventuell korrigieren kann. Das heißt: man entwickelt sich zwar, aber nicht mehr gemäß einem klaren Modell, sondern sprunghaft, erratisch. Identität werde im Identitätsbruch gefunden, sagte eine Sozialwissenschaftlerin dazu.

Die von Psychologen propagierte These von lebenslanger Entwicklung zeigt also auch ihre Kehrseite: als Anspruch und Forderung, die geeignet sind, ein schlechtes Gewissen zu erzeugen. Verstanden wird es nämlich immer als Forderung, noch nicht alt zu werden, und das kostet Mühe. Populäre und wissenschaftliche Literatur tragen dazu bei, ein nagendes Gefühl von Unzufriedenheit aufrechtzuerhalten; körperlich und geistig fühlt man sich nicht mehr jung und noch nicht alt und hängt an Normen, die man kaum verändert hat.

Es scheinen hier zwei Entwicklungsvorstellungen – freilich nur implizit und unbemerkt – zu konkurrieren. Die eine – Entwicklung möge kontinuierlich dazu beitragen, daß das Leben ein Ganzes wird, also in sich sinnvoll auf ein Ziel hinausläuft (denken wir zum Beispiel an das Eriksonsche Entwicklungsmodell) – würde verlangen, daß selbstverständlich Abbau und Tod mit einbezogen werden in das Lebensgefühl und in den Umgang mit schwindenden Potenzen und Kompetenzen. Die andere Entwicklungsvorstellung – eine sehr moderne, um nicht zu sagen: postmoderne – ist gekennzeichnet von Skepsis gegenüber der Kontinuität, der sinnvollen Verankerung in einem Ziel. Diese Vorstellung findet sich zum Beispiel bei dem niederländischen Philosophen Willem van Reijen. Nun ist die Zielorientiertheit aber herkömmlicherweise verbunden mit dem Entwicklungsgedanken, so daß man fast von einer Aufhebung dieses Gedankens sprechen könnte, wenn man das in sich kohärente Ziel nicht mitbedenkt. Auch dies, so scheint es, ist Teil der Identitätsverwirrung der Un-Alten. Sie sind, wie es modern ist, durchaus der Meinung, daß sich in ihrem Leben noch einiges bewegen lasse, daß man noch nicht «abgeschlossen» habe mit dem Leben und nur noch in Hinblick auf ein «besseres Leben» im Jenseits warte, also: daß man eben noch Entwicklungen zu erwarten habe. Andererseits sehen sie nicht, wohin sich alles «entwickeln» soll. Und so bleiben sie zwischen Jugend und Alter stecken und wünschen sich vorwiegend, daß dann, wenn es soweit ist, «alles ganz schnell» gehen möchte.

Die Angst vor dem Neuen

Man könnte fast eine Typologie entwerfen in bezug auf das Thema Neugierde und damit verbunden auf den Grad der Bereitschaft, sich auf Neues einzulassen. Natürlich hängt dies auch mit dem Thema Flexibilität zusammen. Auch wenn man «von außen her» natürlich nicht auf krasse Defizite in bezug auf Flexibilität stößt: von innen her sind sie wohl zu bemerken und werden auch – verklausuliert – geäußert. Mangel an Flexibilität aber geht einher mit einem Mangel an Neugierde. Wenn mir eine ältere alleinlebende Frau erzählt, daß sie Angst hat vor der Parkplatzsuche und daher nicht mehr oft ins Theater geht, daß sie dies aber nicht so sehr vermisse, weil sie früher sehr oft im Theater gewesen sei, alles Wichtige kenne und sie das moderne Theater meist «zu schrill» finde, dann könnte man mutmaßen, daß irgend etwas mit ihrem Neugierverhalten nicht mehr stimmt. Die Bereitschaft, sich auf Neues einzulassen, ist ja im Alter nicht mehr so groß wie früher – sofern es sie überhaupt je gegeben hat.

Neue Freunde zu gewinnen wird im Alter schwierig, auch wenn es durchaus Versuche dazu gibt. Gerade bei diesem Thema wird oft geklagt, man bekomme nicht mehr so gut Kontakt wie früher, als man oft stundenlang zusammensaß und Probleme wälzte. Ihre «neue» Geselligkeit sagen die Un-Alten, sei weniger «intim». Natürlich lassen sich gemeinsame Jugendzeiten nicht ersetzen, doch man ist tatsächlich nicht mehr so neugierig auf andere Personen, schnell werden alte Muster reaktiviert, und dies macht das Zusammensitzen und «Problemewälzen» weniger interessant.

Aber auch die Kreativen unter meinen Gesprächspartnern sind – wenngleich sie dies nur verklausuliert einräumen – nicht mehr wirklich scharf auf Neues. Der Informatiker, der früher von seinem «erotischen Verhältnis» zur Arbeit gesprochen hat, erzählt wehmütig: «Als ich fünfzig war und einer der ersten in diesem Bereich, da habe ich doch noch ganz andere Ideen gehabt und praktisch Tag und Nacht mit meiner Geliebten, der Arbeit, verbracht. Jetzt ist es eine Wirtschafterin, die Geld bringt. Ich muß nicht ständig neue Ideen dazu haben.» Ein früher recht bekannter Maler erzählt ähnliches: man habe gesagt, er kopiere nur noch sich selbst. Allerdings bringe das mehr Geld als seine originellen Sachen früher. Einverstanden ist er damit nicht.

Sehr selten sind neue Liebesbeziehungen, die wirklich so gelebt werden wie die früheren: mit aller Bereitschaft, sich auf Neues einzulassen, sich mit einer ganz anderen Lebensart auseinanderzusetzen. Die Eroberung junger Frauen durch wesentlich ältere Männer ist ein besonderes Kapitel und geschieht vermutlich nicht aus Neugier auf einen anderen Menschen. Ich habe ein Paar exploriert, das sich erst gefunden hat, als beide Ende Fünfzig waren. Bei ihnen konnte ich spüren, wieviel Mühe es kostet, sich aneinander zu gewöhnen und die Gewohnheiten und Lebenseinstellungen des anderen zu verstehen. Tausend Mißverständnisse und verzagte

Stunden hat es dabei gegeben. In diesem Fall war es offensichtlich bei beiden die Erfahrung aus langen, unglücklichen Ehen verbunden mit dem bei Älteren seltenen erotischen Aufflammen, was ihnen geholfen hat, beisammenzubleiben. In der Regel sind solche Beziehungen nur von kurzer Dauer und werden resigniert abgebrochen.

Die neue Sinngebung

Die Frage nach einer neuen Sinndimension, nach etwas, was man neuerdings gern «Spiritualität» nennt, wurde von meinen Gesprächspartnern meist spöttisch beantwortet. Damit verbinden sie Vorstellungen von «Weisheit», Lehnstuhl, Gebetbuch und Kirchgang. Damit will man natürlich nichts zu tun haben. Was versteht man heute unter Spiritualität? Der gemeinsame Nenner aller Äußerungen war ein «Über-sich-hinaus-Denken», ein Überschreiten der reinen Zweckgebundenheit des Alltags.

Ein Ehepaar verschönert geradezu fanatisch das ererbte Haus «für die Nachwelt» – obwohl dieses Paar gar keine Kinder hat und ein Neffe ausersehen ist, das kostbare Erbe zu erhalten. Ein anderes Beispiel ist die Leidenschaft für Familiengeschichte. Eine meiner Gesprächspartnerinnen interviewt alle alten Angehörigen ihrer Familie über ihr Leben und schreibt diese Gespräche auf, womit zweckgerichtetes Alltagsdenken überstiegen wird. Das ernsthaft betriebene Philosophie-Studium einer Frau Ende Fünfzig und das Züchten von Bonsais, das die Lebensdauer des Mannes, der dies tut, sicher überschreitet, gehören dazu. Einer der Männer, der sich immer schon für Literatur, vor allem für Romane des ausgehenden 19. Jahrhunderts interessiert hat, gibt an, nun auch Sekundärliteratur zu lesen, weil man jetzt vom reinen «Spannungslesen», wie er sich ausdrückt, doch auch wegkommt und er wissen will, in welchem historischen und philosophischen Kontext man Literatur sehen kann. Natürlich sind alle diese Versuche in der Selbstdeutung nicht als «spirituell» bezeichnet worden – aber etwas davon – zumindest nach meiner Definition – scheint darin zu stecken.

Warum muß mit dem Erreichen der Altersschwelle soviel Ambivalenz, soviel Abwehr verbunden sein?

Ich glaube, daß uns hier die moderne Definition des autonomen Subjekts zu schaffen macht. Ein Subjekt, das sich als autonom definiert, weil es alles Erworbene weiterhin besitzen möchte, das sich auf keinen Fall in Abhängigkeit begeben möchte und wie alle Narzißten die Illusion von der Unabhängigkeit aufrechterhält, tut sich schwer mit der Tatsache, daß irgendwann – und zwar in nicht allzu langer Zeit – Schwäche und Tod auf uns zukommen. Gedanken an den Tod kann man noch von sich wegschieben (natürlich wünscht sich jeder einen raschen Tod, also einen, der unbemerkt kommt), die Schwäche aber kündet sich an – trotz moderner Medizin und Kosmetik.

Man kann sich aber auch andere Definitionen des «autonomen Subjekts» vorstellen, Definitionen vom Menschen, dem mehr «weibliche» Eigenschaften zugeschrieben werden, was mehr Abhängigkeit bedeutet und mehr Fähigkeit loszulassen. Autonomie im modernen Sinn ist immer dem Besitzdenken verhaftet, und dazu gehört der Besitz all dessen, was wir je gehabt haben· Schönheit, Kraft, Intelligenz. Dies auch loslassen zu können und dazu zu stehen, daß eben dieses Loslassen einen hohen Wert darstellt: das ist für viele schwer zu denken und noch schwerer zu leben. Auch das «Frei-Sein von» kann als Gewinn gesehen werden, und wir kennen Kulturen, wo dies so ist.

Wir können in der Moderne nicht mehr davon ausgehen, daß unser Schatz an Alltagserfahrung je wieder gefragt ist. Wir haben weder technologisch noch im Sinne der modernen Lebensgestaltung den Jungen viel zu sagen. *Eine* Haltung aber könnten wir Jungen Alten vermitteln, die Haltung dessen, der den Wegfall von Besitz nicht mehr als großen Verlust empfindet und für den klar wird, daß Abhängigkeit von anderen zum Menschsein dazugehört: in der Kindheit und im Alter in ganz besonderer Weise.

All dies führt zu einem neuen Gefühl für sich selbst und – vielleicht das Wichtigste – zu einer anderen Bedeutung der menschlichen Beziehungen.

Was heißt das: zu einem neuen Gefühl für sich selbst? Es heißt, was in früheren Generationen mit der Pubertät abgeschlossen war, nämlich ein sicheres Gefühl für das, was man ist, existiert nur noch selten. Da die sozialen Rollen nicht mehr in solider Form tragen, muß man sich eine andere Quelle für Identität erschließen: zugrunde liegt die altehrwürdige Vorstellung von der «inneren Stimme», die uns sagt, wer wir sind, wohin wir gehen müssen und was für uns die wichtigen Wegmarken sein sollen. In manchen psychologischen Denkschulen wird es «Authentizität» genannt, also die innere Wahrhaftigkeit, das «wahre Selbst» oder mit Kierkegaard: Werde, der du bist!

Immer wieder komme ich zu dem Schluß, daß diese älteren Jahre zerrissen und zerbrochen sein können wie früher nur die Pubertät. Die Anzahl der Therapiesuchenden ist in den mittleren Jahrgängen sehr groß, seit einigen Jahren kommen aber mehr und mehr über Sechzigjährige in Therapie. Freud lehrte, jenseits der Fünfzig gebe es therapeutisch überhaupt keine Chancen mehr. Der Charakter sei festgefahren, die Umwelt allzu klar strukturiert. Bei den Frauen zog er die Grenze der Hoffnungslosigkeit sogar schon jenseits der Dreißig!

Völlig anders die heute herrschende Meinung. In der psychotherapeutischen Literatur wird vermehrt aufgezeigt, daß Menschen über vierzig, fünfzig, sechzig und noch älter durchaus hoffen können, durch Therapie ihr Leben neu einzurichten. Es gibt Fallberichte, die genau dies aufzeigen, zum Beispiel das Buch «Der mühselige Aufbruch» von Hartmut Radebold und seiner Patientin Ruth Schweitzer über die Entwicklung einer über sechzigjährigen Frau, deren Leben durch die Therapie völlig neue Akzente bekommen hat.

Ich selbst freue mich, wenn ich ältere Patienten habe. Sie nehmen ihre Therapie noch ernster als jüngere, betrachten sie als «letzte Chance», noch einmal etwas in ihrem Leben zu verändern. Voraussetzung für solche Neuorientierung aber ist, daß heute Menschen über vierzig und weit darüber hinaus noch nicht so festgelegt sind wie in früheren Zeiten, und das heißt: daß sie gute Möglichkeiten haben, sich zu ändern. Dies könnte auch heißen: daß sie ihrer Identität nicht sicher sind, daß sie aber diese Tatsache eben auch ins Positive kehren können. Wie meist im Leben: man kann das halbvolle oder das halbleere Glas sehen. Unsere moderne Lebensform gestattet uns sehr viele Freiheiten. Wir sind nicht mehr gebunden an viele rigide Normen und Rollen, die unser Privatleben einschränken. Wir sollten uns auch nicht in solche Zeiten zurücksehnen. Gretchens Verzweiflungstat vor dem Hintergrund einer Gesellschaft, die einem «gefallenen» Mädchen Häcksel vor die Tür streute und sie zum Freiwild machte, wollen wir wohl alle nicht mehr wiederholt sehen. Und auch das trostlose Ende von Heinrich Manns «Professor Unrat» ist nur deshalb so schrecklich, weil die damaligen Sitten es einem Gymnasiallehrer nicht gestatteten, eine Beziehung zu einem leichten Mädchen einzugehen. Selbst die halbseidene Chansonnette kennt nur Spott und Verachtung für das Abweichen vom vorgezeichneten Tugendpfad eines etwa fünfzigjährigen gutbürgerlichen Lehrers.

Mit unserer relativen Freiheit ist uns aber auch etwas aufgebürdet worden. Wir können, ja wir müssen unseren Lebensweg wählen. Dies tun wir auch dann, wenn wir uns in konventionellen Bahnen bewegen – denn auch dieser Weg ist freigegeben. Unglück und Qual, die diese Wahl begleiten, können wir uns nicht ersparen. Jede Ruhe auf unserem Lebensweg kann die «Ruhe vor dem Sturm» bedeuten. Wir können also in unseren mittleren und älteren Jahren nie sicher sein: nicht über uns selbst und über die in uns verborgenen Selbsttäuschungsmöglichkeiten, nicht über unsere nächsten Familienangehörigen und Freunde. Immer dreht sich das Karussell. Und ob wir das ohne Schwindelgefühle aushalten, ist ebenfalls sehr unsicher.

Dies scheint das einzige zu sein, was alte Menschen den jungen noch zu bieten haben: eine Vorstellung davon, wie man möglichst ohne Selbsttäuschung leben kann, wie man sich seine Identität mühsam immer wieder neu erkämpfen muß. Die schwierige Balance zwischen Jung und Alt, die immer wieder in Lüge, falsche Komplimente, Besserwisserei und Forderungen nach Beachtung umschlägt, ist dann leichter auszutarieren. Dazu wird, mehr als in vielen anderen Bereichen, Beziehungsarbeit verlangt, und diese Arbeit, das lehrt die Erfahrung, wird von den Jungen weniger geleistet. Hier müssen die älteren Jahrgänge in die vorderste Reihe der «Beziehungsfront». Gelingt ihnen die Arbeit, dann müssen sie sich ihrer «Jugendlichkeit» nicht mehr so oft mit trügerischen Mitteln vergewissern.

Literatur

Adorno, Theodor *siehe* Horkheimer, Max

Arendt, Hannah: «Eichmann in Jerusalem. Ein Bericht von der Banalität des Bösen». München: Piper 1964 (1963)

Badinter, Elisabeth: «Die Mutterliebe. Geschichte eines Gefühls vom 17. Jahrhundert bis heute». München: Piper 1981

Baltes, Margret M. / Kohli, Martin / Sames, Klaus (Hg.): «Erfolgreiches Altern. Bedingungen und Variationen». Göttingen: Huber 1989

Baumgart, Hildegard: «Eifersucht. Erfahrungen und Lösungsversuche im Beziehungsdreieck». Reinbek: Rowohlt 1985

Beck, Ulrich / Beck-Gernsheim, Elisabeth: «Das ganz normale Chaos der Liebe». Frankfurt a. M.: Suhrkamp 1990

Beck, Ulrich / Ziegler, Ulf Erdmann: «Eigenes Leben. Ausflüge in die unbekannte Gesellschaft, in der wir leben». Gekürzte und überarbeitete Fassung: München: C. H. Beck 1997

Beuys, Barbara: «Familienleben in Deutschland. Neue Bilder aus der deutschen Vergangenheit». Reinbek: Rowohlt 1980

Bischof, Norbert: «Das Rätsel des Ödipus. Die biologischen Wurzeln des Urkonfliktes von Intimität und Autonomie». München: Piper 1985

Blasi, Antonio *siehe* Keupp, Heiner / Höfer, Renate

Bolen, Jean-Shinoda: «Göttinnen in jeder Frau». Basel: Sphinx 1986

Brauchbar, Mathis / Heer, Heinz: «Zukunft Alter. Herausforderung und Chance». München: Artemis 1993; Reinbek: Rowohlt Taschenbuch Verlag 1995

Breuer, Josef: «Studien über Hysterie» (1895)

Brocher, Tobias: «Allein – aber nicht einsam». Stuttgart: Quell 1991

Buchholz, Michael B.: «Die unbewußte Familie. Psychoanalytische Studien zur Familie in der Moderne». Berlin 1990. 2. Aufl. u. d. T. «Lehrbuch der psychoanalytischen Familientherapie». Stuttgart: Klett-Cotta 1995

Buchholz, Michael B. (Hg.): «Metaphernanalyse». Göttingen: Vandenhoeck & Ruprecht 1992

Busch, Wilhelm: «Kritik des Herzens» (1874)

Carveth, Donald L.: «Die Metaphern des Psychoanalytikers. Eine dekonstruktivistische Perspektive». In: Buchholz, Michael (1992)

Cooper, David: «Der Tod der Familie. Plädoyer für eine radikale Veränderung». Reinbek: Rowohlt 1972 (1971)

Copray, Norbert: «Lieber allein? Im Sog der Single-Gesellschaft». München: Kösel 1991

Christ, C.: «Warum Frauen die Göttin brauchen». In: Schlangenbrut Nr. 8 (Februar) 1985

Devereux, Georges: «Angst und Methode in der Verhaltenswissenschaft». Frankfurt a. M.: Suhrkamp 1984

Dittmann-Kohli, Freya: «Erfolgreiches Altern aus subjektiver Sicht». In: Baltes / Kohli / Sames

Erdheim, Mario: «Die gesellschaftliche Produktion von Unbewußtheit. Eine Einführung in den ethnopsychoanalytischen Prozeß». Frankfurt a. M.: Suhrkamp 1984

Erikson, Erik Homburger: «Identity and the Life Cycle». In: Psychological Issues, Monograph 1,1 (1). International Universities Press 1959. Deutsch u. d. T. «Identität und Lebenszyklus. Drei Aufsätze». Frankfurt a. M.: Suhrkamp 1966

Fenichel, Otto: «Psychoanalytische Neurosenlehre. Band 1–3». Olten: Walter 1975 (1945)

Fontane, Theodor: «Der Stechlin» (1899)

Freud, Sigmund: «Briefe an Wilhelm Fließ 1887–1904. Ungekürzte Ausgabe. Herausgegeben von Jeffrey Moussaieff Masson. Deutsche Fassung von Michael Schröter. Frankfurt a. M.: S. Fischer 1986

Friedan, Betty: «The Fountain of Age». New York: Simon & Schuster 1993. Deutsch u. d. T. «Mythos Alter». Reinbek: Rowohlt 1995

Gilligan, Carol: «Die andere Stimme. Lebenskonflikt und Moral der Frau». München: Piper 1985

Göckenjan, Gerd / Kondratowitz, Hans-Joachim von (Hg.): «Alter und Alltag». Frankfurt a. M.: Suhrkamp (es 1467) 1988

Goethe, Johann Wolfgang: «Die Leiden des jungen Werthers» (1774)

Gordon, Thomas: «Parent Effectiveness Training. The ‹No-Lose› Program for Raising Responsible Children». New York: Peter H. Wyden 1970. Deutsch u. d. T. «Familienkonferenz. Die Lösung von Konflikten zwischen Eltern und Kind». Hamburg: Hoffmann und Campe 1972

Habermas, Tilmann: «Heißhunger». Frankfurt a. M.: S. Fischer 1990

Habermas, Tilmann: «Zur Geschichte der Magersucht. Eine medizinpsychologische Rekonstruktion». Frankfurt a. M.: Fischer Taschenbuch Verlag 1994

Herder, Johann Gottfried: «Ideen zur Philosophie der Geschichte der Menschheit» (1784 / 1785) Zweiter Teil, 8. Buch, I

Hochapfel, Gerd siehe Hoffmann, Sven Olaf

Hoffmann, Sven Olaf / Hochapfel, Gerd: «Einführung in die Neurosenlehre und psychosomatische Medizin». Stuttgart: Schattauer 1979

Hollstein, Walter: «Nicht Herrscher, aber kräftig. Die Zukunft der Männer». Hamburg: Hoffmann und Campe 1988

Hollstein, Walter siehe Jaeggi, Eva: «Wenn Ehen älter werden»

Honneth, Axel: «Kampf um Anerkennung. Zur moralischen Grammatik sozialer Konflikte». Frankfurt a. M.: Suhrkamp 1992

Horkheimer, Max: «Zur Kritik der instrumentellen Vernunft». Frankfurt a. M.: 1967 (1947)

Horkheimer, Max / Adorno, Theodor W.: «Dialektik der Aufklärung. Philosophische Fragmente». Amsterdam: Querido 1947; 2. Aufl. 1969 Frankfurt a. M.: Suhrkamp 1969

Jaeggi, Eva / Hollstein, Walter: «Wenn Ehen älter werden. Liebe, Krise, Neubeginn». München: Piper 1985

Jaeggi, Eva: «Ich sag' mir selber Guten Morgen. Singles – eine moderne Lebensform». München: Piper 1992

Jaeggi, Eva: «Zu heilen die zerstoßnen Herzen. Die Hauptrichtungen der Psychotherapie und ihre Menschenbilder». Reinbek: Rowohlt 1995

Jaeggi, Eva: «Viel zu jung, um alt zu sein. Das neue Lebensgefühl ab sechzig». Reinbek: Rowohlt 1996

Jaeggi, Eva / Klotter, Christoph: «Essen ist keine Sünde. Ein Anti-Diät-Buch». München: Quintessenz 1995

Kernberg, Otto F.: «Borderline Conditions and Pathological Narcissism». New York: Jason Aronson 1975. Deutsch u. d. T. «Borderline-Störungen und pathologischer Narzißmus». Frankfurt a. M.: Suhrkamp 1978

Keupp, Heiner / Höfer, Renate (Hg.): «Identitätsarbeit heute. Klassische und aktuelle Perspektiven der Identitätsforschung». Frankfurt a. M.: Suhrkamp (stw 1299) 1997

Keupp, Heiner (Hg.): «Zugänge zum Subjekt. Perspektiven einer reflexiven Sozialpsychologie». Frankfurt a. M.: Suhrkamp (stw 1102) 1994

Kohli, Martin siehe Baltes, Margret et al.

Langer, Susanne: «Philosophie auf Neuem Wege». Frankfurt a. M.: S. Fischer 1965

Lasch, Christopher: «The Culture of Narcissism. American Life in an Age of Diminishing Expectations». New York: Norton 1979.

Deutsch u. d. T. «Das Zeitalter des Narzißmus». München: Stein-
hausen 1980
Loo, Hans van der / Reijen, Willem van: «Modernisierung. Projekt
und Paradox». dtv-Wissenschaft 4573. München: Deutscher Taschenbuch Verlag 1992

Mann, Heinrich: «Professor Unrat oder Das Ende eines Tyrannen»
(1905)
Mann, Thomas: «Lotte in Weimar» (1939)
Mitscherlich, Alexander: «Auf dem Weg zur vaterlosen Gesellschaft.
Ideen zur Sozialpsychologie». München: Piper 1963
Mitscherlich, Margarete: «Die friedfertige Frau. Eine psychoanalyti-
sche Untersuchung zur Aggression der Geschlechter». Frankfurt
a. M.: S. Fischer 1985
Moritz, Karl Philipp: «Anton Reiser. Ein psychologischer Roman»
(1785 – 1790)
Münch, Paul: «Lebensformen in der frühen Neuzeit. 1500 bis 1800».
Berlin: Ullstein Taschenbuch Verlag 1996 (1992)

Nadig, Maya: «Die gespaltene Frau». In: Psyche 1 / 1990
Nadig, Maya: «Die verborgene Kultur der Frau». Frankfurt a. M.:
S. Fischer 1986

Olivier, Christiane: Jokastes Kinder. Die Psyche der Frau im Schatten
der Mutter. Düsseldorf, Claassen, 1987

Polkinghorne, D.: «Postmodern Epistemology of Practice». In:
Kvale (ed.): «Psychology and Postmodernism». London: Sage
1992

Radebold, Hartmut / Schweitzer, Ruth: «Der mühselige Aufbruch.
Über Psychoanalyse im Alter». Frankfurt a. M.: Fischer Taschen-
buch 13071, 1996
Reijen, Willem van, siehe Loo, Hans van der

Rohde-Dachser, Christa: «Expedition in den dunklen Kontinent. Weiblichkeit im Diskurs der Psychoanalyse. (Psychoanalyse der Geschlechterdifferenz)». Berlin: Springer 1992

Rorty, Richard McKay: «Kontingenz, Ironie und Solidarität». Frankfurt a. M.: Suhrkamp 1993 (1992)

Rosenmayr, Leopold: «Die Kräfte des Alters». Wien: Edition Atelier 1995

Sames, Klaus, *siehe* Baltes et al.

Scheidt, Jürgen vom / Zenhäusern, Ruth: «Alleinsein als Chance». München: Mosaik 1990

Scheidt, Jürgen vom: «Die Wonnen der Einsamkeit». In: Copray s. d.

Schulte, Michael J. / Böhme-Bloem, Christel: «Bulimie. Entwicklungsgeschichte und Therapie aus psychoanalytischer Sicht. Mitarbeit Trempler, Volker». Stuttgart: Thieme 1991

Schweitzer, Ruth *siehe* Radebold, Hartmut

Segev, Tom: «Die Soldaten des Bösen. Zur Geschichte der KZ-Kommandanten». Reinbek: Rowohlt 1992 (1988)

Shorter, Edward: «The Making of the Modern Family». New York: Basic Books 1975. Deutsch u. d. T. «Die Geburt der modernen Familie». Reinbek: Rowohlt 1977

Sykes, J. B.: In: «The Concise Oxford Dictionary». 7. Aufl. Oxford.

Szczesny-Friedmann, Claudia: «Die kühle Gesellschaft. Von der Unmöglichkeit der Nähe». München: Kösel 1991

Taylor, Charles: «The Ethics of Authenticity». Cambridge (Mass.): Harvard University Press 1991

Theweleit, Klaus: «Männerphantasien I. Frauen, Fluten, Körper, Geschichte». Frankfurt a. M.: Roter Stern 1977

Theweleit, Klaus: «Männerphantasien II. Männerkörper – Zur Psychoanalyse des Weißen Terrors». Frankfurt a. M.: Roter Stern 1978

Thürmer-Rohr, Christina: «Vagabundinnen. Feministische Essays». Berlin: Orlando 1987

Treusch-Dieter, Gerburg: «Ferner als die Antike ... Machtform und Mythisierung der Frau im Nationalsozialismus». In: Kursbuch «Frauen Macht» 12 / 1984, Seite 193–215

Trilling, Lionel: «Das Ende der Aufrichtigkeit». Frankfurt a. M.: S. Fischer 1979 (1972)

Winnicott, Donald Woods: «The Maturational Process and the Facilitating Environment». New York: International University Books 1965

Wurmser, Léon: «Plädoyer für eine Verwendung von Metaphern in der psychoanalytischen Theorienbildung». In: Psyche 8 (1983), Seite 673–700

Zenhäusern, Ruth, *siehe* Scheidt, Jürgen vom

Ziegler, Ulf Erdmann, *siehe* Beck, Ulrich